中华古地名里的故事

杨帆 编著

『日啖荔枝三百颗，不辞长作岭南人』这句脍炙人口的诗不仅透露着诗人的心境，也记录着一段历史，而诗词中看似普通的地理名称其实也有着它们自己的故事……

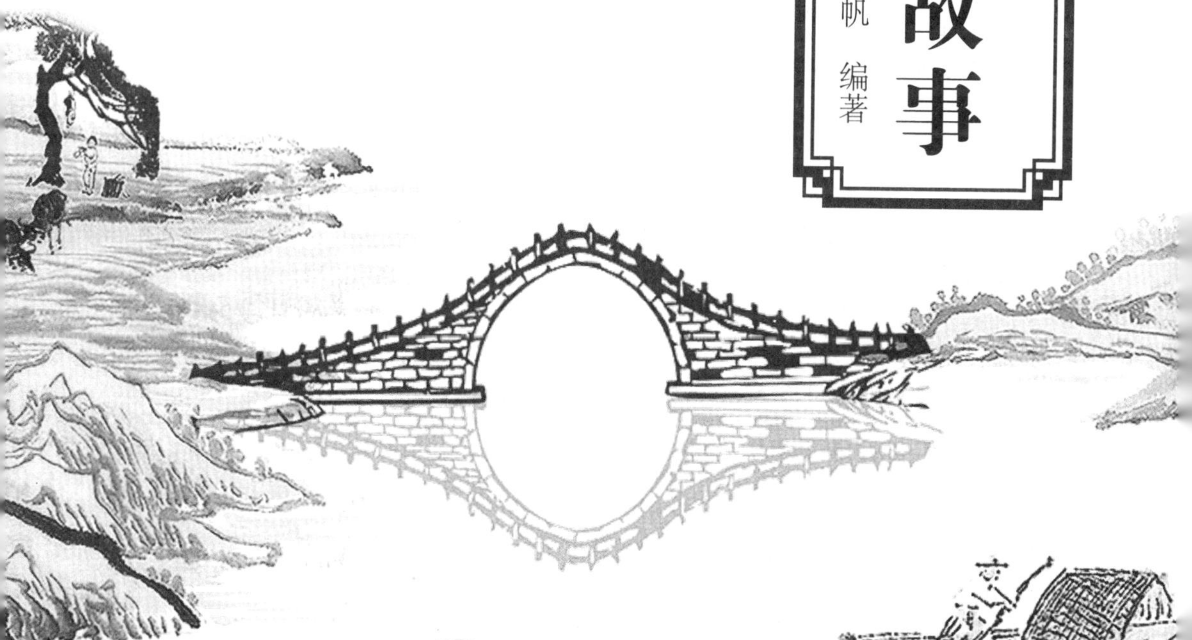

中国地图出版社
·北京·

图书在版编目（CIP）数据

中华古地名里的故事 / 杨帆编著 . -- 北京 : 中国地图出版社，2022.6

ISBN 978-7-5204-2475-2

Ⅰ . ①中… Ⅱ . ①杨… Ⅲ . ①历史地名－中国－通俗读物 Ⅳ . ① K928.6-49

中国版本图书馆 CIP 数据核字 (2022) 第 011445 号

ZHONGHUA GU DIMING LI DE GUSHI

中华古地名里的故事

出版发行	中国地图出版社	邮政编码	100054
社　　址	北京市西城区白纸坊西街 3 号	网　　址	www.sinomaps.com
电　　话	010-83490076　83495213	经　　销	新华书店
印　　刷	保定市铭泰达印刷有限公司	印　　张	9
成品规格	170 mm × 240 mm		
版　　次	2022 年 6 月第 1 版	印　　次	2024 年 12 月河北第 6 次印刷
定　　价	28.00 元		
书　　号	ISBN 978-7-5204-2475-2		

前　言

小地名，大乾坤。

藏在地名里的，不仅有它们代表的地形、地物，还有泱泱华夏的历史脉络。

汉中、雁门、函谷关……对中国人而言，这些名字耳熟能详，世代相传，一再勾起人们对特定岁月的回想，进而催生了怀古诗等文学形式：

宋人辛弃疾曾赋诗："汉中开汉业。"当年，西楚霸王项羽分封天下，为了打压潜在的竞争者刘邦，将他封到中原之外的汉中。刘邦在此蛰伏，瞅准时机，席卷天下，肇建大汉王朝。

唐人施肩吾有诗："雁门关外绝人家。"在雁门，面对不断进犯的匈奴，赵国良将李牧坚壁清野，将人民、财产悉数转移到关内，不给对手可乘之机。站稳脚跟后，他诱敌深入，大破匈奴，让边境重获安宁。

唐人胡曾作诗："寂寂函关锁未开，田文车马出秦来。"孟尝君逃脱秦人的牢笼后，带着一众门客来到秦国边境函谷关。此时，正值深夜，关门紧闭。门客中，有一人试学鸡鸣，引得关内的鸡一齐打鸣。看门人受到误导，打开关门，孟尝君等人才得以出关。

本书以诗章为引，聚焦其中的地名，努力挖掘有关地域不同时代的历史文化，为读者展现别样的中国记忆——岭南谪宦、蜀道难、周郎赤壁……

目 录

日啖荔枝三百颗，不辞长作岭南人

——岭南谪宦

今天的广东，是中国经济的“尖兵”。而在唐宋时期的很长时间里，这里则是人烟稀少、较为荒凉的地方。

惠州一绝[①]

苏　轼

罗浮山下四时春，卢橘杨梅次第新。
日啖荔枝三百颗，不辞长作岭南人。

所谓“岭南”，又称岭外、岭表，包含了今天的广东、广西、海南及越南北部地区[②]。诗中的“罗浮山”，位于今广东省惠州市博罗县境内，有“岭南第一山”之称。这首诗的意思是，罗浮山下四季如春，山上的卢橘、杨梅等水果每天都有新鲜的。如果像现在这样每天都可以吃上三百颗荔枝，我情愿定居岭南，而不留恋中原的奢华和繁荣。

看来大文豪苏轼本来是不太愿意来岭南的。既然不愿意，是谁“请”他来的呢？除了苏轼，那个时期长期生活在岭南的还有哪些人

① 《全宋诗》卷 18。

② 《中国历史地名大辞典》：“岭南，亦称岭外、岭表，指五岭以南地区，故名。包括今广东、广西、海南三省区及越南北部地区。”史为乐主编：《中国历史地名大辞典》，中国社会科学出版社 2005 年版，第 1551 页。

呢？他们有着怎样的人生际遇呢？实际上，这首诗暗含了“谪宦”这一历史名词，或者说，这首诗的创作有“谪宦”的文化背景。按照《辞海》的说法：

“谪：古代官吏因罪而被降职或流放。”[①]

因此，“谪宦”就是指被降职或流放的官员。但是否“因罪”则取决于一定的判断标准，在一些特殊的情况下这个标准就是最高统治者的好恶。因此，这里的“罪”往往具有很大的弹性，刚正不阿的官员往往会“犯罪”，与苏轼一样同为唐宋八大家的韩愈和柳宗元都曾有过这样的遭际。韩愈曾作诗曰：

南方二月半，春物亦已少。
维舟山水间，晨坐听百鸟。
宿云尚含姿，朝日忽升晓。
羁旅感和鸣，囚拘念轻矫。
潺湲泪久迸，诘曲思增绕。
行矣且无然，盖棺事乃了。

——《同冠峡》[②]

这首诗作于唐贞元十九年（803 年），当时韩愈刚刚被贬为阳山（治今广东省阳山县）令。当时正值德宗晚期，政出多门，朝廷一片污浊。宫廷内的宦官仗势欺人，经常跑到市场中干强买强卖、敲诈勒索的勾当。谏官屡次进言，都不被皇帝采纳。韩愈一贯无所畏避、操守正直，因此上疏千言猛烈抨击这些丑恶现象。德宗是这些宦官的“保护伞”，他一怒之下将韩愈贬到阳山。

① 夏征农主编：《辞海》，彩图缩印本，上海辞书出版社 1999 年版，第 2707 页。
② 《全唐诗》卷 337。

这首诗是韩愈到任后真实生活的写照。他在岭南小县城的生活很悠闲。“维舟山水间”“晨坐听百鸟”成了日常生活的一部分，再也没有在长安时的案牍劳形。不过，阳山的“宿云”“朝日”却不能与他共鸣。诗人的内心远不像表面那样静谧，他将南下之行看作“羁旅”“囚拘”，心中的郁闷一望便知。

其实，这不是韩愈第一次与岭南结缘。他 3 岁失去父亲，后来长兄韩会遭贬，去岭南赴任，韩愈就曾随行。没有双亲的羽翼，可以想见的是，韩愈少年时的命运较为坎坷，至少算不上幸福。

唐元和元年（806 年），韩愈受征召重回长安，任国子博士。这一天他期盼了许久，本来想大干一番，但没想到的是，“盖棺事未了”，数年后他又被贬回岭南。

一封朝奏九重天，夕贬潮州路八千。
欲为圣明除弊事，肯将衰朽惜残年！
云横秦岭家何在？雪拥蓝关马不前。
知汝远来应有意，好收吾骨瘴江边。

——《左迁至蓝关示侄孙湘》[①]

这首诗作于元和十四年（819 年），韩愈任刑部侍郎。当时凤翔府法门寺内（在今陕西省扶风县）有一座护国真身塔，塔内供奉着释迦牟尼佛指骨一节，皇帝唐宪宗笃信佛教，欲迎佛骨入内廷加以供奉，韩愈一贯“觝排异端，攘斥佛老”，于是上疏谏阻。疏中说，老百姓听说朝廷要迎佛骨，都变得疯狂起来，很多人放弃了生产，甚至有人自焚[②]，看来宪宗的一时冲动确实造成了社会的混乱。但下面的话就真的把皇上惹恼了：

---

① [唐] 韩愈著，钱仲联集释：《韩昌黎诗系年集释》，上海古籍出版社 1984 年版，第 1097 页。

② 参见《新唐书》卷 176，第 5260 页。

“汉明帝时始有佛法，明帝在位才十八年耳。其后乱亡相继，运祚不长。”[①]

韩愈的话很不好听，在皇帝看来甚至有诅咒皇室的意思。但他也是为了国计民生。全国人民如果都放弃营生，社会生产还怎么搞？大唐的天下岂不危险了吗？不过，“朝奏九重天”还是惹得龙颜大怒，宪宗要将他处死，大臣裴度、崔群等人说：“韩愈这话说得确实不中听，但他要不是忠心为国，也不会这样讲。”皇帝对韩愈的为人还是了解的，于是免了他一死，将他贬到潮州（治所在今广东省潮州市），给了个刺史的官。

此次死里逃生，本来值得庆幸。但一想到又要奔赴岭南，韩愈的心中一点儿也高兴不起来。赴任途中路过蓝田关（在今陕西省商洛市商州区西北），他遇到了侄孙韩湘[②]，想到自己尽忠为国却换来满目凄凉，不禁悲从中来，写下了“肯将衰朽惜残年”的慷慨诗句。诗中充满了愤懑和悲观，“秦岭”和“蓝关”在韩愈眼中成了人生不可逾越的巨大障碍，而且他似乎有了此去不复返的想法，“好收吾骨瘴江边”，绝望在那一刹那达到了极点。

看来不愿意去岭南的不止苏轼一个人，岭南作为一种符号已经深深镌刻在士大夫的心灵深处，不能触碰，否则就会打开政治生涯的潘多拉魔盒。

韩愈抵达潮州后，虽然心中不痛快，但还是能够把注意力转移到工作中。他体恤民情，深受百姓爱戴。不久又改任袁州（治今江西

① 参见《新唐书》，第5259页。

② [唐]韩愈著，钱仲联集释：《韩昌黎诗系年集释》，上海古籍出版社1984年版，第1097页。另见傅璇琮主编：《唐才子传校笺》第3册，中华书局1990年版，第146—147页。按，韩愈有长兄韩会，仲兄韩介，名篇《祭十二郎文》所祭者韩老成本为韩介之子，后过继给韩会，为韩湘之父，见《唐才子传校笺》第2册，第437—438页。

省宜春市）刺史。当地有买卖仆隶的风俗，他刚一到任就设法为卖入大户人家的男女赎了身，并废除了这种风俗。

很快，韩愈回到长安，担任国子祭酒之职。此后，直到去世，他再也没有踏足岭南，不过他的人生却已刻上了深重的岭南印记。

柳宗元的岭南生涯

柳宗元也曾遭贬岭南，其原因要从所谓“二王八司马事件”说起。唐朝中期宦官逐渐得势，严重威胁皇权。贞元二十一年（805年），唐顺宗用王叔文、王伾，并以柳宗元、刘禹锡等八人为得力干将，图谋打击宦官势力，重整混乱不堪的国家形势。但不久就陷于失败，改革派主要人物全部受到打压，柳宗元等八人被贬为边远州的司马。这就是“二王八司马事件”。

柳宗元被一贬为邵州（治今湖南省邵阳市）刺史，赴任途中再被贬为永州（治今湖南省永州市）司马，后来虽短暂回到长安，可还是被再次外放，于元和十年（815年）任柳州刺史（治今广西壮族自治区柳州市），所以他有“柳柳州”之称。当时刘禹锡即将赴任播州（治今贵州省遵义市）刺史，柳宗元对亲随说：“禹锡的母亲年事已高，如果他真要去遥远的播州任职，他母亲恐怕无法同行。如果不一起去，母子二人可能就再也不可能相见了。我和禹锡是好朋友，怎么能让他走这一步呢？”于是他上书皇帝，请求让刘禹锡来柳州当刺史，自己与之对调。这时又赶上裴度为刘禹锡说情，皇帝这才让刘禹锡赴任连州（治今广东省连州市），而柳宗元仍任原职。刘禹锡在去连州的路上曾酬和柳宗元，表达相思之意。其诗曰：

去国十年同赴召，渡湘千里又分岐。
重临事异黄丞相，三黜名惭柳士师。
归目并随回雁尽，愁肠正遇断猿时。

桂江东过连山下，相望长吟有所思。

——《再授连州至衡阳酬柳柳州赠别》[①]

柳宗元关心民间疾苦，废除了当地买卖人口的恶俗，大行教化。但他最终没有回到长安，而是病死于岭南[②]。

“守旧派”苏轼

现在回到文章的开头，苏轼何以非去岭南不可？这就要说到宋朝后期的政治生态，而这种生态起源于著名的王安石变法。众所周知，王安石变法的目的是富国强民，改变北宋“积贫积弱”的困局，但由于其变法涉及既得利益群体，所以引发了朝野内外的巨大争议。王安石在世时，由于有宋神宗的鼎力支持，尚可在一定程度上推行各项变法措施，甚至在其被罢官之后，神宗仍致力于新法的实施。

北宋元丰八年（1085 年），神宗去世，年幼的哲宗上台，此时朝政大权掌握在哲宗的祖母宣仁太后高氏手中，她起用守旧派司马光，将新法大都废除。苏轼在政见上有很多和王安石不同的地方，两人也因此发生过争执，但将新法全盘废除这种不分青红皂白、一棒子打死的做法他并不以为然。八年后，高太后病死，哲宗亲政，改元“绍圣”，又重新起用变法派。出于和王安石的抵牾，苏轼受到打压，被先后外放到英州（治今广东省英德市）、惠州（治今广东省惠州市）、儋州（治今海南省儋州市）等地，《惠州一绝》就是在这样的背景下写就的。

与中原相比，岭南的物质条件是比较差的。虽然他到任后心情比较抑郁，但却能以“荔枝”自娱，重新寻找生活的乐趣，使自己的落寞的心情得到慰藉。应该说，苏轼的人生达到了一个新境界——随遇而安。

---

① 《全唐诗》卷 361。

② 参见《旧唐书》卷 160，第 4213—4214 页。

当年万里觅封侯，匹马戍梁州
——汉中的故事

诉衷情[①]

陆　游

当年万里觅封侯，匹马戍梁州。关河梦断何处？尘暗旧貂裘。胡未灭，鬓先秋，泪空流。此生谁料，心在天山，身老沧洲。

陆游，字务观，号放翁，越州山阴（治今浙江省绍兴市）人[②]，著名诗人。他生于宋宣和七年（1125年）[③]，当时北宋即将灭亡，因此其一生绝大部分时间是在南宋度过的，亡国之痛成了他鲜明的生命烙印。陆游一贯主张蓄积力量，北伐中原，但得不到朝廷响应，抑郁不已。上面这首词就是他晚年时这种心境的集中反映[④]。

---

① 陆游:《陆放翁全集》影印本，上册，中国书店1986年版，第314页。

② 《宋史》卷395。

③ 于北山:《陆游年谱》，上海古籍出版社2006年版，第1页。亦可参看欧小牧:《陆游年谱》，人民文学出版社1981年版，第23页。

④ 欧小牧未将此词系年，但根据内容判断，当是陆游晚年作品。参见欧小牧:《陆游年谱》，第340页。

陆游梦断

南宋乾道五年（1169 年）三月，朝廷任命王炎为四川宣抚使。这一年陆游 45 岁，正值壮年，却赋闲在家。他看到有发展机会，随即进入王炎幕府供职[①]。这里要交代一下“四川”的来历。北宋咸平四年（1001 年），朝廷在原“十国”之一的后蜀辖境设立益州（后改为成都府）、利州、梓州（后改为潼川府）、夔州四路（“路”是宋代介于行政区和监察区之间的一种建制），大概相当于今大渡河东北和陕西汉中地区，合称“川峡四路”，简称“四川”[②]。今天的四川省就得名于此。

乾道八年（1172 年）三月，陆游到达宣抚使的驻地南郑（治今陕西省汉中市），即词中的旧“梁州”治所。

不久后，他就向王炎献策，鼓励他恢复中原。但王炎很快去职，其幕僚也都散去，陆游被调回成都府（治今四川省成都市）履新[③]。王炎召陆游入幕前，陆游正在山阴老家[④]。从山阴到南郑，远隔千里，这就是“当年万里觅封侯”的含义。陆游大老远跑来是为了建功立业，但此刻梦已破碎、鬓已花白，失地却尚未收复。他掬着一把英雄泪，无奈地发出了“心在天山，身老沧洲”的命运感叹。所谓“沧洲”，指水滨，词中指隐士的居住地。词人将“天山”（见《汉下白登道，胡窥青海湾——汉匈战争与和亲》）与“沧洲”作对比，形成了强烈

① 参见于北山：《陆游年谱》，上海古籍出版社 2006 年版，第 142 页。亦可参看欧小牧：《陆游年谱》，第 113 页。

② 史为乐主编：《中国历史地名大辞典》，中国社会科学出版社 2005 年版，第 751 页。郑天挺、吴泽、杨志玖主编：《中国历史大辞典》上卷，上海辞书出版社 2000 年版，第 784 页。

③ 参见于北山：《陆游年谱》，上海古籍出版社 2006 年版，第 155—157 页。亦可参见欧小牧：《陆游年谱》，第 123—126 页。

④ 参见于北山：《陆游年谱》，上海古籍出版社 2006 年版，第 140 页。亦可参看欧小牧：《陆游年谱》，第 113 页。

的反差，是词人对理想和现实的具体诠释。

当时的“梁州”是南宋与金交界的前沿阵地，这里自古以来成就了很多英雄豪杰，如张鲁、诸葛亮等。

三国时代的汉中烽烟

东汉时的汉中郡，首府为南郑（治今陕西省汉中市东，非今天的南郑区），军阀张鲁曾雄踞此地三十年。他的祖父张陵创立了著名的“五斗米道”，为后世尊称为“张天师”。该教教规规定，普通人入教须缴纳五斗米，这就是“五斗米道”的来历。这个教派一直传到了张鲁，当时他在益州（治今四川省德阳市东北）牧刘焉手下效力，有一次受命攻打汉中，完成任务后就将汉中据为己有，开始在当地发展自己的势力。张鲁实行的是政教合一的统治，自号“师君”，不设官吏，而是以资格较深的信徒“祭酒”负责日常管理工作。他在汉中推行诚信理念，反对欺诈，号召犯了错误的人勇于认错。他在全境要道上建立“义舍”，在“义舍”内放上米、肉，供过往者取食。如果有人犯法，会宽恕其三次，如果再犯，才加以刑罚。曾有人建议他称王，为避免树大招风，张鲁拒绝了这个建议。民众的拥护和低调的策略共同成就了汉中三十年的太平。当时汉中郡社会环境清明，人民生活稳定，这一地区成了东汉乱世中的一方乐土。

后来，曹操举兵南下，张鲁独力难支，只好投降[①]。此时，刘备已经打败刘璋（刘焉的儿子[②]），拿下益州。刘璋旧臣黄权向刘备进言说，应立即北上与曹操争夺汉中，如果对方掌握了汉中，将从战略上对益州构成极大威胁。于是，在黄权的引导下，蜀军长驱直入，一举攻下汉中，将曹操势力驱逐了出去。定军山（在今陕西省勉县南）一

① 《三国志·魏书》卷8。

② 《后汉书》卷75。

战，蜀将黄忠力斩敌将夏侯渊[①]，中国的第一部电影《定军山》就是以此为背景拍摄的。

后来的汉中及其附近地区一再成为蜀汉与曹魏的战场，诸葛亮就多次在这些地方用兵。

蜀汉建兴六年（228 年）春，诸葛亮高调宣称要由斜谷（谷口在今汉中市东北）进攻郿（治今陕西省扶风县西南），又以驻守在箕谷（在今褒水汉中市段西岸）的赵云、邓芝为疑军，将曹魏大将军曹真吸引了出来。而诸葛亮则亲率主力部队攻打祁山（在今甘肃省礼县东北），形成声东击西之势。魏国西线空虚，蜀军所到之处纷纷归降，关中震动。

魏明帝曹叡发现情况不妙，立马跑到长安（治今陕西省西安市西北）坐镇指挥，以张郃为前锋抗拒蜀军。诸葛亮亦以马谡为先锋，与张郃战于街亭（在今甘肃省庄浪县东）。马谡不听指挥，为张郃所败，导致大好形势付之东流。从此之后，曹魏更加注重扩充军备，以应对蜀军可能的骚扰，所以之后的北伐变得更加艰难了。战役结束后，诸葛亮不得不挥泪斩马谡，并自请降职处分。蜀汉第一次北伐以失败而告终。

建兴六年冬，诸葛亮又从散关（在今陕西省宝鸡市西南）北上，围陈仓（治今陕西省宝鸡市东渭水北岸），与曹真交战。但军粮很快用完，蜀军只好撤退。魏将王双率骑兵追击蜀军，诸葛亮回军将其击败，斩王双。第二次北伐亦无果而终。

次年，诸葛亮又派将军陈式攻打武都（治今甘肃省成县西北）、阴平（治今甘肃省文县西北）两郡。曹魏雍州（治今西安西北）刺史郭淮率军来救，诸葛亮至建威（治今甘肃省西和县北），摆出再出祁山的架势，郭淮迫于形势，只好退兵。三次北伐后，蜀军终于有所斩获。皇帝刘禅下诏说："街亭的失败，是因为马谡，而您却将责任揽在自己身上，这实际上违背了我的意愿。此次夺得武都、阴平二郡，

① 《三国志·蜀书》卷 43。

您的功劳很大。因此，我想恢复您的丞相之职，请您不要拒绝。”于是诸葛亮重新以丞相之任统领北伐大军。

建兴九年（231 年），诸葛亮再出祁山，但再次粮尽而还。仅有的一点儿收获也只是斩杀曹魏猛将张郃。

建兴十二年（234 年）春，他又统率大军由斜谷出，在五丈原（在今陕西省岐山县南）与魏军统帅司马懿对阵于渭水南岸。几次北伐，蜀军都受粮草不济的困扰，于是他决定在当地分兵屯田，为久驻之基。不幸的是，诸葛亮积劳成疾，于同年八月死于军中，年仅 54 岁。陆游曾作诗咏叹此事：

五丈原头秋色新，当时许国欲忘身。
长安之西过万里，北斗以南惟一人。
往事已如辽海鹤，余年空羡葛天民。
腰间白羽凋零尽，却照清溪整角巾。

——《感昔》[①]

此诗颇有自况之意。其实在陆游心中，“北斗以南惟一人”不只是在讲诸葛亮，更是他对自己的评价。只不过往事如风，白羽凋零，他再也回不到当年的南郑了。

诸葛亮五次北伐，都围绕汉中来做文章，是当时蜀国的条件决定的。定军山一战虽然打败魏军，但只是为蜀军北上打开了一个小的出口，即南线的汉中郡。在这种情况下，蜀军的进军路线只有北上一途，而如果能打通西线，则在增加国土的同时，为战略进攻拓展了选择的空间。第三次北伐虽然夺取了武都、阴平，但这两个郡都在南线，西线的进展不大。

另外，诸葛亮大多采取迂回战术，因为魏国与汉中交界地带有重兵防守，不易攻取。因此，第一次北伐时他用计将魏军主力困在东

① 《全宋诗》卷 22。

线，而以精锐攻打敌人的薄弱环节西线，如果这次北伐成功，则完成了从西、南两个方向对曹魏的包围，在压缩对方生存空间的同时，也为将来进一步的军事进攻增加了更多的选择。

另外，蜀军历次北上均需翻山越岭，军需运输颇为不便，这给持久战造成了较大困难。北伐不能成功，这也是一个重要原因。

兴元府的来历

唐乾元元年（758 年）改汉中郡为梁州。后来，这里成了唐德宗李适的救命稻草。他曾在此躲避叛军，并最终得以返回长安。

德宗初即位，安史之乱以来的藩镇割据已日益严重，对国家的长治久安构成巨大威胁。德宗想重建中央权威，多次派兵与藩镇交战。

唐建中四年（783 年）十月，德宗令泾原（治所在今甘肃省泾川县北）节度使姚令言率所部 5000 人赴前线与藩镇李希烈作战。当时天气寒冷，这支军队路过长安时，将士们又冻又饿。本以为来到京城，会得到赏赐，使眼下的窘迫局面有所缓解。但令人失望的是，朝廷对此没有任何表示。部队只好继续前进，行至浐水（即今浐河）时，负责劳军的官员王翃只以糙米、素菜应付泾原军。这导致军队突然哗变，进而倒戈。他们大喊道："我们这次去，可能就要死在战场上，却连饭都吃不饱，朝廷还凭什么让我们卖命？"然后，他们一齐杀向长安，准备洗劫国库。

德宗发现情况不妙，赶紧派人带着钱物前去慰问，希望能够平息此次事件。可叛军非但不听劝阻，反而向皇宫步步逼来。德宗调神策军抵御，却无一人前来。

形势危急，德宗只好带领太子、诸王、嫔妃及公主等人逃到奉天（治今陕西省乾县）。这就是历史上著名的"泾师兵变"。

无政府状态下的长安已乱作一团，泾原军不仅将国库掀了个底儿朝天，还在城中大肆掠夺。他们拥戴曾任卢龙节度使并在长安闲居的朱泚为皇帝，并在朱泚的带领下攻打奉天二十余日。后神策军将领李晟、朔方节度使李怀光等赶来救驾，德宗才返回长安。

平定叛乱的次年，德宗将年号改为兴元元年（784年）。但同年二月，曾经的功臣李怀光与朱泚联手，准备叛乱。德宗不得已再次出逃，来到了梁州，七月才又回到长安。德宗避难梁州，对该地有感激之情，于是以年号作地名，升梁州为“兴元府”[①]。

① 史为乐主编：《中国历史地名大辞典》，中国社会科学出版社2005年版，第2458页。

故园亲侣如相问，愧我边尘尚未收
——袁崇焕、孙承宗在辽东

边中送别[①]

袁崇焕

五载离家别路悠，送君寒浸宝刀头。
欲知肺腑同生死，何用安危问去留。
策杖只因图雪耻，横戈原不为封侯。
故园亲侣如相问，愧我边尘尚未收。

这是一首送别诗，出自明末著名将领袁崇焕之手。“边”一般指边疆地区，这里特指辽东（今辽河以东地区）。此时，诗人正在那里与后金作战，明人把对后金用兵称为“辽事”。首句说，友人已离家五年，此次要返乡，前路漫长。“寒浸”表明了送别的时节，即冬季。“宝刀”及下面的“策杖”“横戈”都告诉我们故事发生在军营。诗人对友人说，他早已将安危置之度外，不会因为战争的危险而考虑自己的去留，诚可谓肺腑之言。“策”是一种马鞭，一端有尖刺。“戈”是一种横刃长柄的兵器。这两样物件都是战争中常备的，诗人用它们代

① 据袁督师庙碑刻，在今北京市东城区龙潭湖公园内西侧。

指“辽事”。最后，诗人点出了友人更确切的身份：老乡。袁崇焕是广东东莞（治今广东省东莞市）人，辽东与广东远隔千里，所以首句说“别路悠”。诗人嘱咐这位老乡说：“如果老家的乡亲向你问起我，你就说我感到惭愧，因为现在战争还没有结束，我尚不知何时能平定辽东。”短短的五十六个字，袁崇焕磊落的形象跃然纸上。他既不爱权位，又不惜死，苦守辽东就是为了报仇雪恨。那么，是什么仇恨让他这么坚定呢？他的仇最终报了吗？

危急的“辽事”

清朝的建立者，是世代生活于今东北地区的女真族。他们自称是金人的后裔，所以后来努尔哈赤建立了大金政权，史称“后金”。

一开始，他们只是明朝的羁縻部族，与明朝保持着朝贡关系，其内部派别林立。明朝为了防止其势力壮大，通过各种手段制造女真的分裂，以致女真内部互相攻杀，混战不休。在相互接触的过程中，明朝与女真各部族间的摩擦不断加剧，相互对立的情绪高涨。在一次冲突中，努尔哈赤的祖父及父亲被明军误杀。这一事件成了他整合女真各部并起兵反明的导火线。

明万历四十六年（1618 年），努尔哈赤以“七大恨”告天，同时起兵讨明。明朝随即派出以杨镐为辽东经略的十二万大军，赶赴前线，平定叛乱。不料，万历四十七年（1619 年）春，杨镐诸军惨败于萨尔浒（今辽宁省抚顺市东大伙房水库东南），朝廷震动。

一年后，万历帝驾崩。太子朱常洛即位，改元泰昌。可一个月后，泰昌皇帝也去世了。于是，继任者朱由校上台，改元天启，以 1621 年为明天启元年。

借着萨尔浒之战的余威，努尔哈赤在明廷政权不稳之际乘胜出击，一举攻破辽河（即今辽河）东岸的重镇沈阳（治今辽宁省沈阳市），并进一步拿下辽阳（治今辽宁省辽阳市）。

天启二年（1622年）正月，后金又进军辽河西岸，攻陷广宁（治今辽宁省北镇市）。至此，明军在与后金的对垒中，已处于极度被动的状态，京师受到了严重的威胁。当时，不少京官都暗中收拾好行囊，准备随时携家眷回原籍避难。“中央政府”拥有广土众民，却遭到边疆势力这样欺负，可以说是奇耻大辱。袁崇焕念兹在兹，非报此仇不可。

袁崇焕、孙承宗入边与宁远城的营建

萨尔浒之战发生的同年，还发生了一件“小事”，即袁崇焕中进士。前者的影响是明显的，萨尔浒惨败让明军丧失了军事主动权，从此对后金作战招架多于还手。而后者标志着一个小人物从江湖进入了庙堂，其影响是逐步显现的，且极为深远。

袁崇焕获得了进身之阶，很快赴邵武（治今福建省邵武市）任知县。虽然身处东南，他却时时牵挂着前线，并“以边才自许”①。

后金进攻辽西时，他受调来京朝觐。御史侯恂很赏识他，就上书天启帝，请破格录用袁崇焕。于是，皇帝给了他一个兵部职方主事的官职。但他并不想过安逸的日子，而是想要上阵杀敌。没多久，广宁兵败的消息传来，朝廷里的气氛顿时变得凝重起来，很多人悲观地认为关外已守不住了，不如将重兵屯于山海关，单凭一座关城防御后金。袁崇焕对这种纸上谈兵的行为不以为然，为了搞清辽东的战况，他来不及通知兵部及家眷就上了马，直奔山海关。

兵部很快就发现袁主事不见了。于是上级长官派人去袁府询问，可袁崇焕的家人也不知道他去了哪里。

袁崇焕在关内外查看后，心中有了主意，这才回到京师。他信誓旦旦地对朝臣们说：“给我兵马粮草，我可以御敌于关门之外。”有人愿意去辽东赴死，吓破了胆的京官们当然求之不得，他们极力向皇帝推荐袁崇焕。于是，袁崇焕又升了官。他稍做准备，便踏上了再赴

① 《明史》卷259。

山海关的路。

当时，辽东经略名叫王在晋，他很欣赏袁崇焕的才干，对袁崇焕委以重任。然而，王经略短于谋划，缺乏军事眼光。他认为应在山海关外一个叫八里铺的地方建重关，以四万人防守[①]。袁崇焕对此并不认同，他要求将防线北扩至关外之宁远（治今辽宁省兴城市）。双方为此争论了几次，相持不下。袁崇焕为了争取主动，就向当时的首辅叶向高打了越级报告。

叶向高了解情况后，不知道应该听谁的话，一时没了主意。这时，天启帝的老师、大学士孙承宗主动请缨，要求亲赴山海关搞调研。皇帝一听，很高兴，就加封他为太子太保，赐予蟒玉、银币。孙承宗到达山海关后，通过与双方的沟通和自己的分析，觉得袁崇焕的观点是正确的，在山海关外建重城的做法不可取。

但王在晋毕竟是辽东经略，如果他不改弦易辙，内部必然失和。这对前线用兵是很不利的。孙承宗就找到王在晋，做他的思想工作，可王在晋倔得很，仍然顽固地坚持自己的军事方略。孙承宗倍感失望，他长叹道："不尽破庸人之论，辽事不可为也。"经过研究，他基本确立了擘画"辽事"的方略，即以宁远为核心构建关外防御体系。不久，他回京述职。到京后，孙承宗时刻想着辽东形势。一想到王在晋、袁崇焕两人意见相左，他就深感不安。于是，趁一次为皇帝上课的机会，他向天启帝详细地说明了前线的问题，并表达了撤换王在晋的想法。皇帝一听，觉得有理，于是调王在晋任南京（治今江苏省南京市）兵部尚书。

天启三年（1623年）九月，孙承宗重赴辽东。此时再无人掣肘，孙、袁等坚持积极防御的人可以放开手大干一场了。而修筑宁远城是恢复关外防线的重要一步。为了赶进度，袁崇焕及满桂、祖大寿等诸位将官日夜奋战，终于在次年修成宁远重镇，并逐步建立起初具规模的关外防御体系。

---

① 《明史》卷250。

孙承宗罢职与宁远大捷

正当孙承宗、袁崇焕等人徐图恢复之时，朝廷内部发生了变化。权阉魏忠贤骗取了天启帝的信任，大肆迫害东林党人，把持了朝政。孙承宗身为帝师，年高德劭，魏忠贤早就想把他拉到自己的阵营里来。于是，他派手下刘应坤去辽东前线向孙承宗示好。孙承宗对阉党弄权的丑恶行径一贯深恶痛绝，刘应坤虽然满脸堆笑，却招来了孙承宗的冷眼相待。魏忠贤知道此事后便对孙承宗怀恨在心。

刘应坤走后，孙承宗彻夜不寐。他想到朝中正直的大臣大都受到打压，而得势者净是些趋炎附势之徒，如此一来，朝政不可为，早晚会连累到辽东用兵。他觉得自己不能坐视不管，就想借向皇帝贺寿的机会回京辨明是非，在天启帝面前揭露魏忠贤的真面目。阉党魏广微听到风声，将此事禀报给了魏忠贤。

魏忠贤虽然权倾朝野，但孙承宗手中握有重兵，所以听说孙承宗要回京，他感到非常恐惧。他跑到皇宫，一边哭一边对皇帝说："皇上，孙大学士带兵回京，是来要我的脑袋的。我以后恐怕再也不能伺候皇上了。呜呜呜……"天启帝见他这副可怜的样子，心就软了。他命内阁次辅顾秉谦拟旨，要孙承宗坚守岗位，不可进京。

孙承宗走到通州（治今北京市通州区）时接到了圣旨，虽然不甘心，可也只好原路返回。

魏忠贤保住了手中的权力和自己的性命，然后就开始报复孙承宗。天启四年（1624 年），孙承宗的手下马世龙擅自发兵进攻后金，遭到惨败。孙承宗受此连累，在魏忠贤的操纵下其职位被阉党高第取代。

高第成为辽东经略后，采取消极防御的策略。他轻易地放弃了明军苦心经营的关外防线，将主力撤回山海关。袁崇焕表示坚决反对，但他人微言轻，无法阻止高第的错误行为。当时，袁崇焕驻守宁远，他拒不执行高的命令。在其他防务全部废弃后，他仍率所部坚守宁远。此时的宁远，俨然关外的一座孤城。

努尔哈赤始终关注着明军防线的动态。他见孙承宗、袁崇焕这对黄金搭档被拆散，而高第又不懂军略，自撤藩篱。于是，努尔哈赤渡过辽河，准备攻击袁崇焕的孤军。

在与明军的交锋中，努尔哈赤屡战屡胜，很少失败。他看到宁远明军没有外援，认为拿下宁远没有问题。然而，宁远之战的结果却是明军大捷，后金大败。

袁崇焕冤死，“辽事”前功尽弃

后来，袁崇焕又取得了宁锦战役的胜利，进一步巩固了关外防线，而事实也证明积极防御方针是正确的。此时的袁崇焕，可谓国士无双，明朝的命运几乎都寄托在他身上。但不幸的是，天启帝的继任者崇祯帝中了敌人的反间计，并因此杀掉了袁崇焕。自毁长城后，明朝再也没有出现像孙承宗、袁崇焕这样杰出的军事人才，“明亡征决矣”。

浔阳江头夜送客，枫叶荻花秋瑟瑟
——沦落天涯

琵琶行[①]

白居易

浔阳江头夜送客，枫叶荻花秋瑟瑟。主人下马客在船，举酒欲饮无管弦。醉不成欢惨将别，别时茫茫江浸月。

忽闻水上琵琶声，主人忘归客不发。寻声暗问弹者谁，琵琶声停欲语迟。移船相近邀相见，添酒回灯重开宴。千呼万唤始出来，犹抱琵琶半遮面。转轴拨弦三两声，未成曲调先有情。弦弦掩抑声声思，似诉平生不得志。低眉信手续续弹，说尽心中无限事。轻拢慢捻抹复挑，初为霓裳后六幺。大弦嘈嘈如急雨，小弦切切如私语。嘈嘈切切错杂弹，大珠小珠落玉盘。间关莺语花底滑，幽咽泉流冰下难。冰泉冷涩弦凝绝，凝绝不通声暂歇。别有幽愁暗恨生，此时无声胜有声。银瓶乍破水浆迸，铁骑突出刀枪鸣。曲终收拨当心画，四弦一声如裂帛。东船西舫悄无言，唯见江心秋月白。

沉吟放拨插弦中，整顿衣裳起敛容。自言本是京城女，家在虾蟆陵下住。十三学得琵琶成，名属教坊第一部。曲罢曾教善才伏，妆成每被

① 《全唐诗》卷435。

秋娘妒。五陵年少争缠头，一曲红绡不知数。钿头云篦击节碎，血色罗裙翻酒污。今年欢笑复明年，秋月春风等闲度。弟走从军阿姨死，暮去朝来颜色故。门前冷落鞍马稀，老大嫁作商人妇。商人重利轻别离，前月浮梁买茶去。去来江口守空船，绕船月明江水寒。夜深忽梦少年事，梦啼妆泪红阑干。

我闻琵琶已叹息，又闻此语重唧唧。同是天涯沦落人，相逢何必曾相识。我从去年辞帝京，谪居卧病浔阳城。浔阳小处无音乐，终岁不闻丝竹声。住近湓江地低湿，黄芦苦竹绕宅生。其间旦暮闻何物，杜鹃啼血猿哀鸣。春江花朝秋月夜，往往取酒还独倾。岂无山歌与村笛，呕哑嘲哳难为听。今夜闻君琵琶语，如听仙乐耳暂明。莫辞更坐弹一曲，为君翻作琵琶行。

感我此言良久立，却坐促弦弦转急。凄凄不似向前声，满座重闻皆掩泣。座中泣下谁最多，江州司马青衫湿。

唐元和十年（815年），白居易遭贬，赴江州（治今江西省九江市）担任司马一职。次年秋，他到湓浦口（在今九江市西）送客。当时正值夜晚，白居易听到江边舟中有人弹奏琵琶，其音铮铮然，与长安的音乐风格很类似。他感到好奇，就上前询问，并与演奏者攀谈起来，于是有了这首诗。

移　船

首句“浔阳江”指长江流经今九江市以北的一段。“江头”即江边。“荻”是一种植物，长于水边，与芦苇类似。“瑟瑟”是风吹草木的声音。此句总体上勾勒了送别时的情景。唐朝达官贵人在宴饮时，多有歌伎在旁弹奏演唱。所以当主宾舍马登舟、准备小酌时，却突然意识到“欲饮无管弦”。

眼看两人只能以闷酒作别，怎一个“惨”字了得？大江浸月，一片茫然，一如他们的落寞。这时，不远处突然传来了琵琶声，两人顿时被吸引住了。出于好奇，他们把自己的船向对方摆去，想邀请人家过来一见。于是，两人将灯弄得更亮，并重新摆了酒宴。对方在千呼万唤之下才怀抱着琵琶、半遮着脸走出来。

那人上船来，两人一看，原来是位中年女性。白居易说："咱们素不相识，我们却请您前来，实属冒昧。不过我们很佩服您的神技，不知是否有幸再次聆听？"这位女子点头称是，于是开始抚琴。她仅仅试弹了几声，就传达出自己的所思所想。此女弹奏时多用掩抑的手法，所以出声有吞咽幽怨的味道，似乎平生很不得志。"声声思"是说她的演奏每一声听来都含思有情。

倾　情

接下来的诗句都是对她高超技艺的描写。"拢""捻""抹"及"挑"都是操琴手法。"霓裳"即著名的《霓裳羽衣曲》(见《骊宫高处入青云，仙乐风飘处处闻——唐明皇与杨贵妃的华清宫》)。"六幺"是一种京城流行的琵琶曲名。"嘈嘈"是形容声音沉重舒长，宛如"急雨"。"切切"是形容声音细促而悲切，仿佛"私语"一般。所谓"大珠小珠落玉盘"是写各种声音的连贯、流走，如珠子落到玉盘中，流转不停。

"间关"指鸟声；"滑"是形容莺声之婉转；"幽咽"是写幽咽吞涩的声音如冰泉之下流，常受梗阻。以上都是写琴声的抑扬婉转。"冷涩"之下，琴声也趋于停滞。但此时短暂的间歇，却更值得回味，仿佛别有暗恨，幽然而生。

突然之间，琴声大作，仿佛盛满水的银瓶迸裂，水浆喷薄而出，又好似有铁骑突然杀出，刀枪齐鸣一般，但处在高潮的琴声却戛然而止。"收拨"是指收场的一下弹奏。"当心画"是将琵琶槽中心并合的四条弦用力一拨，与"收拨"同义。"如裂帛"是说收拨声好似突然撕裂丝帛一样的声音。

一曲终了，大家望着江心明月，都静默无言，仿佛还沉浸在刚才美妙的琴声中。“舫”指船；“沉吟”是思量忖度、欲语迟疑的意思；“放拨”“插弦中”指将琴拨收起，放在弦间。“敛容”是说神情变得严肃矜持。那女子将琴拨插在弦中，沉吟片刻。然后整理好衣裳，站了起来，神态变得矜持严肃。

衷　肠

只听她说道：“我本是京城人氏，家在虾蟆陵下住。”这虾蟆陵，本名下马陵，在长安城南曲江（治今西安市曲江池遗址公园和大唐芙蓉园）附近，当时是酒楼舞榭集中的地方[①]。她13岁就学成了琵琶技法，隶属于教坊的第一部。所谓“教坊”，是唐朝官设教习歌舞技艺的机构。“第一部”又称“坐部”，是教坊中第一等的演奏团队。当年，她一曲奏罢，曹善才都为之叹服。她梳妆完毕，秋娘都嫉妒不已。这里的“善才”是唐代乐师的通称，这里特指唐朝琵琶名家曹善才。他的父亲曹保保、儿子曹纲均是琵琶高手。“秋娘”是当时长安能歌善舞的名倡。“五陵”是长安之北汉代五个皇帝的陵墓：长陵、安陵、阳陵、茂陵、平陵。在汉朝，这里的陵邑是豪门大姓的聚居区。所以，“五陵年少”即纨绔子弟。“缠头”是一种赏赐。当时歌舞者表演完毕，观众中会有人将罗锦等珍贵织物赠送给表演者，这叫作“缠头彩”。“红绡”即红色的绫绡。当时，此女一曲奏罢，富家子弟都争着赏赐红绡，数量多得数不胜数。

“钿”，即以金翠宝石等制成的花朵形饰品。“篦”是密齿的梳子。所以“钿头云篦”是一种镶嵌着花钿的篦形发饰。“击节”是打拍子。此女当年走红的时候，她佩戴的贵重饰物，随着歌舞的节拍而掉落打碎，鲜红的罗裙在宴会上曾被酒玷污。这是她对当年豪奢生活的回

① 《唐国史补》卷下。

忆。这种快活日子年复一年，不经意间一去不复返。而此时，她才发现那段时光的美好。

她日渐衰老，已不如年轻时漂亮了。本来车水马龙的家门口变得门可罗雀。不得已，她只好嫁给了一个商人，也就是现在的丈夫。可这位商人只注重发财牟利，上个月去浮梁县（治今江西省浮梁县）贩茶，到现在还没回来，留下她自己守着空船，在寒江上打发漫漫长夜。“妆泪”是眼泪和脂粉混在了一起，所以下面说“红阑干”。“阑干”是纵横的样子。她经常在梦中回到自己年轻时所在的长安，回味着那时的风流岁月。梦醒后，一想到眼下的境况，不禁为之落泪，把妆都毁了。

同“命”相怜

“唧唧”是叹息的声音。从这句开始，是诗人的自白。诗人说他听到这女子悲戚的琵琶声，就曾为之叹息。现在听了她的身世，更为之叹息不已。他们都客居他乡，好似沦落在天涯。今日相遇真有故人重逢的感觉，何必一定要从前就相识呢？诗人去年被贬到浔阳（与江州同治，见前文），一直有病，尚未痊愈。“丝竹”指弦乐器和管乐器，这里泛指乐器。浔阳地方偏僻，终年听不到音乐。诗人的住所在湓江（今龙开河）附近，这里地势低洼，甚为潮湿，黄芦和苦竹绕宅而生，从早到晚能听到的不过是杜鹃和猿猴凄凉的叫声。

春天花开之时，秋日月明之夜，诗人只好独自喝点儿闷酒。这里倒是有山歌和村笛，可那些音乐嘈杂，不能入耳。“呕哑嘲哳”是形容声音的繁杂。诗人对琵琶女说：“今夜我听到了您的琵琶声，仿佛听到了仙乐一般，耳朵也顿时清明。请您再弹奏一曲，我要为您写一篇《琵琶行》。”“翻”是根据曲子填词的意思。

琵琶女为诗人的话所感动，久久伫立在那里，然后坐回到位置上。这次她的琴声变得很急促，凄凄楚楚，不像第一次弹奏时的样子。主宾两人再次听到这女子的弹奏，都不禁掩面而泣。座位上谁流的泪最多呢？正是这个江州司马啊。“青衫”是唐朝八品、九品文官的服饰。

白居易去世后，唐宣宗甚为悲痛，作诗《吊白居易》[①]曰：

缀玉联珠六十年，谁教冥路作诗仙。
浮云不系名居易，造化无为字乐天。
童子解吟长恨曲，胡儿能唱琵琶篇。
文章已满行人耳，一度思卿一怆然。

从诗中看，《琵琶行》在当时就已名满天下，甚至街头巷尾的小孩子都能吟唱。眼下再也无人“缀玉联珠”，怪不得宣宗会怆然泪下呢。

① 《全唐诗》卷4。

两岸猿声啼不住，轻舟已过万重山

——李白的轻舟快意

早发白帝城[①]

李　白

朝辞白帝彩云间，千里江陵一日还。
两岸猿声啼不住，轻舟已过万重山。

韩愈说，“大凡物不得其平则鸣。”唐朝大诗人多数命途多舛，如有“小李杜”之称的李商隐、杜牧。他们空有鸿鹄之志，却屡遭燕雀之用。这样的境况，让人情何以堪？所以很多名篇都是诗人郁积良久，不得不发之而后快的产物，如杜甫的《闻官军收河南河北》。《早发白帝城》也属此类。

“太白纯以气象胜。”[②]这首诗的奇美瑰丽充分展示了李白的气魄、才情。在诗人眼里，祥云环绕的白帝城（详见下文）仿佛是在天边，万重峻岭也挡不住穿梭如飞的小舟。在这样畅快、惬意的氛围中，在大自然的怀抱里，李白顺利地回到了江陵。“彩云”“千里”“一

① 《全唐诗》卷181。

② 王国维著，徐调孚校注:《校注人间词话》，中华书局1955年版，第5页。

日”“万重”这些意象为读者勾勒出了一幅海阔天空的心理图景，似乎诗人已将生活的逼仄完全抛诸脑后，正在尽情享受眼前的一切。

李白奔命西南

读者可能会问，诗人的情绪为何如此亢奋？他获得什么天大的喜讯了吗？这就要从安史之乱说起。这一事件是李唐国势的转折点，从此盛唐如春水般远去。“渔阳鼙鼓动地来”，事发后叛军势如破竹，对首都长安构成极大威胁。唐玄宗再也坐不住了，只好西行入蜀（今四川省全境，除西部部分地区），太子李亨（即后来的唐肃宗）则在部众的拥戴下分兵北上，为称帝做准备[①]。

入蜀后，玄宗很快发出诏令，命令永王李璘、盛王李琦及丰王李珙分赴各地应战[②]，但最终只有永王李璘成行，出镇江陵[③]。诏令发出后，玄宗惊闻李亨在灵武（治今宁夏回族自治区永宁县南）擅自即位的消息。由于偏处蜀地，而且肃宗势大，玄宗不得已认可了李亨皇位继承的合法性[④]。但他又不甘心大权旁落，就纵容永王在江陵扩充实力[⑤]，以对抗李亨。后来永王顺江东下，即所谓“东巡”，其目的就是

① 参见[北宋]司马光编著，[元]胡三省音注:《资治通鉴》第15册，中华书局1956年、1963年版，第6975—6976页。

②《唐大诏令集》卷36:“永王璘充山南东道、江南西路、岭南、黔中等节度、度支、采访等都使，江陵大都督如故，……盛王琦宜充广陵郡大都督，……丰王珙宜充武威郡都督，……应须兵马、甲仗、器械、粮赐等，并于本路自供。”[宋]宋敏求编:《唐大诏令集》，商务印书馆1959年版，第155页。

③ 参见《资治通鉴》卷218“唐纪三十四”：肃宗至德元载七月十五日丁卯:“时琦、珙皆不出阁，惟璘赴镇。”（第6984页）。

④ 参见《唐大诏令集》卷30“明皇令肃宗即位诏”（第117页）。

⑤《旧唐书》卷170“列传第五十七·玄宗诸子”：“璘七月至襄阳，九月至江陵，召募士将数万人，恣情补署，江淮租赋，山积于江陵，破用巨亿。以薛镠、李台卿、蔡垧为谋主，因有异志。”（第3264页）《新唐书》卷82“列传第七·十一宗诸子”：“时江淮租赋巨亿万，在所山委。璘生宫中，于事不通晓，见富且强，遂有窥江左意，以薛镠、李台卿、韦子春、刘巨鳞、蔡垧为谋主。”（第3608页）。

要进一步扩张势力。李白在此期间进李璘幕府，他曾作《永王东巡歌》十一首[①]，试看其中的两首，如下：

> 二帝巡游俱未回，五陵松柏使人哀。
> 诸侯不救河南地，更喜贤王远道来。
>
> ——《永王东巡歌》其五

“二帝”指玄宗和肃宗，两人一在蜀地，一在灵武，所以说“俱未回”。“五陵”是唐朝五位先帝的陵墓[②]，即高祖献陵、太宗昭陵、高宗乾陵、中宗定陵及睿宗桥陵，分别位于京兆府三原（治今陕西省三原县西北清水峪南故任城）、醴泉（治今陕西省礼泉县东北 10 里）、奉天（治今陕西省乾县）、富平（治今陕西省富平县东北 10 里旧县村）及奉先（治今陕西省蒲城县）诸县界内。“河南”指河南府，治所在洛阳、河南两县（即今河南省洛阳市）。所谓“不救”，是因为当时洛阳为安禄山占据，但却无人前去征讨。

李白将远道而来的“贤王”李璘看作孤胆英雄，认为东巡是正义行为。可见他没有看透肃宗、永王相争的态势，这为后来被发配西南埋下了伏笔。另外，他也将东巡视为跟随永王建功立业、一展平生之志的大好机会。

> 试借君王玉马鞭，指挥戎虏坐琼筵。
> 南风一扫胡尘静，西入长安到日边。
>
> ——《永王东巡歌》其十一

“玉马鞭”，即权柄。李白渴望获得重用以“扫胡尘”。“日边”也称为“日下”，代指都城左近，如清人于敏中曾写过一部叫《日下

---

① 《全唐诗》卷 167。

② 《李太白集注》卷 8。

旧闻考》的书，书中的“日下”就是清朝的京师北京。事实很快证明，“西入长安”只是李白的一厢情愿。

李亨一直在密切观察着李璘的动向，并做了各种准备，在永王东巡之始就将其扑灭。受此事牵连，李白被流放夜郎（治今贵州省正安县西北）。人生遭受这样的磨难，李白内心的愤懑、抑郁可想而知。不过事情悄然间峰回路转，当他走到白帝城时，不期然接到了赦免的诏书。人生苦闷顿然冰释，心情也为之一振，他回到江陵后就挥笔写下了这首流传千古的佳作。

白帝城趣话

诗中的“白帝城”，又名子阳城，位于著名的瞿塘峡西口的北岸，在今重庆市奉节县境内[①]。“子阳”是西汉末年西南军阀公孙述的字，白帝城的得名也与公孙氏有关。

公孙述，扶风茂陵（今陕西省兴平市东北）人。他曾在天水郡（治今甘肃省通渭县西北）当过地方官，很有贤名，后来到蜀地（五代之前，指今四川盆地西部地区）为官。当时新莽政权不稳，他便趁机在成都（今四川省成都市）称帝。公孙氏曾东征北伐，力图统一天下，无奈实力不济，最终被东汉光武帝刘秀剿灭[②]。

有人认为，公孙述曾路过此城，见城内古井有白气升腾，很像白龙，就为之取名“白帝城”[③]。这种说法广为流传。

战国时期的阴阳家曾提出“五德终始说”，认为朝代的沿袭按照

① 郑天挺、吴泽、杨志玖主编：《中国历史大辞典》第2卷，上海辞书出版社2010年版，第815页。

② 《后汉书》卷13“隗嚣公孙述列传第三”。

③ 《华阳国志》卷1“巴志”：“鱼复县，（巴东）郡治。公孙述更名‘白帝’。”[东晋]常璩：《华阳国志》，商务印书馆1958年版，第10页。《蜀水经》卷6“江水六”：“（白帝城）汉鱼复县故城也。公孙述至鱼复，有白龙出井，因号‘白帝城’。”[清]李元：《蜀水经》，巴蜀书社1985年版，第379页。

“水、火、土、金、木”五德交替进行[①]。秦朝首次将这种学说加以应用，为其政权合法性提供依据，并衍生出一整套名物制度，这些制度构成了一个话语系统，在相关领域具有话语霸权。秦朝自命水德，水色黑，因此以黑为正色，礼服、旌旗都用黑色[②]。按照五德循环，汉朝为火德，崇尚红色。新莽为土德，以黄为正色。公孙述为了证明自己是天命所在，宣称西为金德（公孙政权在西南），色用白，并自称“白帝”，这恐怕才是“白帝城”名字的真正出处。公孙氏政权尚未灭亡时，成都郭外有秦朝的粮仓，公孙述为它取名为“白帝仓”[③]。可见，“白帝城”“白帝仓”只是“金德”这一话语系统的组成部分，是公孙述话语霸权的具体体现。

刘备的荆州之痛

诗中的“江陵”是唐朝的江陵府，治今湖北省荆州市。当年关羽曾“大意失荆州”，但当时的荆州辖境较大（相当于今湖南、湖北两省及河南、贵州、广西、广东等省、自治区部分地区），包含今天的荆州市。从历史解释的角度出发，“大意”属于对历史人物心路的分析，缺乏客观性，难以服众。史学家田余庆就认为，荆州的失陷有其历史必然性。

将军既帝室之胄，信义著于四海，总揽英雄，思贤如渴，若跨有荆、益，保其岩阻，西和诸戎，南抚夷越，外结好孙权，内修政理，天下有变，则命一上将将荆州之军以向宛、洛，将军身率益州之众出于秦川，百姓孰敢不箪食壶浆以迎将军者乎？

——《三国志》卷三十五

① 按，五德次序及下文各朝代归属有争议，今从顾颉刚。参见顾颉刚：《古史辨》第5册，上海古籍出版社1982年版，第582—585页。

② 参见翦伯赞主编：《中国史纲要》（修订本），人民出版社1995年版，第90页。

③ 《后汉书》卷13“隗嚣公孙述列传第三”。

上述文字出自著名的《隆中对》。诸葛亮借此提出“跨有荆、益”以逐步统一天下的战略设想。刘备入蜀后的形势是：荆州处在两个政权的统治下，蜀、吴各占据一部分。蜀汉的辖境是荆州的欠发达地区，关羽不能独自抗拒孙吴的攻击，更不要说率军“以向宛、洛”主动出击。而当时荆、益两州的联系只有三峡一条路，较为薄弱，荆州如果遭到袭击，援救起来相对困难①。当然，我们无意苛求古人，诸葛亮也不能预知未来。荆州失陷后，刘备受到很大震动，不惜发动全国的力量来夺回荆州，但最终惨败于东吴。有人认为，刘备发大兵东征是被关羽之死冲昏了头，要报仇雪恨。但如果从蜀汉的生存状况出发则可得出不同的结论：

其一，刘备是成熟的政治家，他所作出的任何一项选择都会以本国的实际情况为依据，而不是某个人的生死。三国中蜀国仅有一州之地，势单力薄，举兵东向必有北顾之忧。

其二，为什么明知道存在巨大的风险，刘备还是要发兵荆州？这是因为荆州失守将使“汉贼不两立，王业不偏安”成为空谈。更重要的是蜀汉弱小，荆州一失，与曹魏的力量对比将更为悬殊，最终只能接受被吞并的命运。当然，刘备对于夺回荆州也没有十足的把握，至于输得那么惨，恐怕就更是他始料未及的了。

历史又回到了子阳城。刘备领着残兵败将一路西撤，来到白帝城永安宫。经过此番大变，他的精神受到巨大打击，身体状况也极度恶化。弥留之际，他向诸葛亮托孤，希望诸葛氏能辅佐儿子刘禅，把蜀国治理好。这就是著名的“白帝托孤”。

汪若海原理

联系上文，公孙述与刘备都曾据有蜀地。就蜀地的战略地位，南

① 参见田余庆：《秦汉魏晋史探微》，中华书局2004年版，第181—189页、249—254页。

宋人汪若海曾有一段著名的评价：

> “天下若常山蛇势，秦、蜀为首，东南为尾，中原为脊，将图恢复，必在川、陕。”①

汪若海的“恢复”针对的是南宋半壁江山的窘迫，他以“天下”的视角高度评价了秦、蜀在军事斗争中的区位优势，即只有在两地都保持相当的军事力量才有可能重新统一，否则很难成功。我们不妨将之称为“汪若海原理”。就公孙、蜀汉两政权的覆败而言，这不失为一种更具历史感的注脚。当然，我们在这里不是要宣扬地理环境决定论，而是要说明在重大事件的进程中，地理环境所扮演的角色往往是很重要的。

如果用“常山蛇势”来看唐朝的安史之乱，我们也可以得出一些新的认识。循着汪若海的思路，玄宗父子的分道扬镳是有利于平叛的。玄宗走后，李亨很快称帝灵武。他手中这支有生力量对陕地叛军时刻保持着威慑力，并有可能东趋南进。当然，我们也应看到，玄宗父子以川、陕为根据地的复兴有其具体的历史背景，当时叛乱主要集中在北方，广大南方仍在唐军的控制中，且所受影响较小。这是公孙、蜀汉无法相比的。

---

① 《续资治通鉴》卷 105，宋纪一百五，建炎三年五月戊寅朔，第 2763 页。

日出江花红胜火，春来江水绿如蓝

——白居易在杭州

忆江南之一[①]

白居易

江南好，风景旧曾谙。日出江花红胜火，春来江水绿如蓝。能不忆江南？

千百年来，这首《忆江南》被广为传颂。尤其是“日出江花红胜火，春来江水绿如蓝”，成为人们赞美春天时最常引用的名句之一。《忆江南》作于白居易的晚年，是他为官江南的回忆。所谓“旧曾谙”，是说词人往时十分熟悉江南的风景，如江水。“江花”指浪花。水本来无色无味，但词人赋予其火红的颜色和炽热的温度，这就形象地展示了江南的好和美。“绿如蓝”中的“蓝”是一种蓼科植物，它的叶子可以制成青绿染料。因此，“绿如蓝”是说江水比“蓝”还要绿。这里的“如”表示胜过，和“霜叶红于二月花”中的“于”同义。是啊，如此美景怎能不让人魂萦梦牵呢？

① 《全唐诗》卷 890。

江南忆，最忆是杭州。山寺月中寻桂子，郡亭枕上看潮头。何日更重游？

——《忆江南》之二

“最忆”是词人对杭州（治今浙江省杭州市南凤凰山麓、钱塘江滨）的评价，而后面则是具体的展开。“山寺”指下天竺寺，在杭州城西。本来天竺寺有三，以上、中、下相区别。但上、中天竺寺都建于唐朝以后，所以这里的天竺寺实为下天竺寺。传说，每年都会有月中桂子落在该寺，所以说“山寺月中寻桂子”。“郡亭”是杭州刺史衙署内花园里的亭台。这里的“郡”，就是杭州，因为唐朝时杭州曾有余杭郡这个名字。“潮头”即钱塘江入海口处的潮水，一向蔚为壮观，阴历八月中旬尤为盛大，“钱塘观潮”也成为杭州的著名景致。杭州的生活如此惬意，谁不向往呢？所以诗人提出了希望：“何日更重游？”

赴任杭州

唐长庆二年（822年）七月，白居易自中书舍人改任杭州刺史。当时朝中朋党倾轧，一片污浊。白居易侧身其间，心情为之抑郁。此次外放，终于得到了一个解脱的机会。正所谓“老逢不次恩，洗拔出泥滓”，这次“既居可言地”，有了施展才华的舞台，“愿助朝廷理”①。

同年十月一日，他抵达杭州，开始履新。刚到任时担子很重，很多事务都要他亲自过问。

鳏茕心所念，简牍手自操。

① 《全唐诗》卷431。

何言符竹贵，未免州县劳。
赖是余杭郡，台榭绕官曹。
凌晨亲政事，向晚恣游遨。
山冷微有雪，波平未生涛。
水心如镜面，千里无纤毫。
直下江最阔，近东楼更高。
烦襟与滞念，一望皆遁逃。

——《初领郡政衙退登东楼作》[①]

这首诗是白居易初任刺史时的生活记录。“东楼”，又名“望海楼”，是当时刺史衙门里的一座楼。“衙退登东楼”告诉读者这首诗是他“恣游遨”时的作品。“鳏”是无妻或丧妻的男人，“茕”则是没有兄弟的人，这里指的是生活困苦的广大百姓。“简”是用于书写的竹片。“牍”是狭长的木板，也可用于书写。后人以“简牍”连称，指代文书。诗人这里用它们指代公务往来。“符竹”是汉代中央向地方郡守颁发的一种凭证，竹制，刻有文字，分为两半，朝廷和郡守处各一半。朝廷若派员赴郡公干，须持有中央符竹的一半，到郡后与郡守所持的另一半拼接，若能做到“符合”，则代表来人得到了朝廷的授权，郡长官应在工作上予以配合。后来人们就用“符竹”来指代郡守的职权。“襟”原指衣服的交领，后引申为胸襟、胸怀，所以也有“襟抱”的说法。这里“烦襟”和“滞念”都是指诗人在长安不快乐的过去，但来到这“水心如镜面”“波平未生涛”的人间仙境后，他所有的烦恼“一望皆遁逃”。所以，初到杭州的白居易虽然公务繁忙，心态却非常安闲，他找到了自己真正的乐土。

① 《全唐诗》卷 431。

惠 政

杭州夏秋多旱，老百姓到了农忙时节往往用水不便。于是，白居易在西湖筑堤，使湖水蓄泄及时，解决了濒湖千余顷田的灌溉问题。

他的另外一件善政是疏浚“李泌六井”。唐朝名臣李泌曾出任杭州刺史。在任期间，他为了老百姓用水方便，就在城内打了六眼井，将西湖水引入其中，它们被称为“李泌六井”。在使用过程中，这些井常常发生堵塞。于是，白居易派人将它们逐个打通，恢复其功能。

不 舍

长庆四年（824 年）夏离任时，白居易对自己的杭州生涯作了一个总结：

耆老遮归路，壶浆满别筵。
甘棠无一树，那得泪潸然。
税重多贫户，农饥足旱田。
唯留一湖水，与汝救凶年。

——《别州民》[①]

“耆”指60岁以上的老人，“耆老”则是地方上有名望的父老，他们舍不得白居易这样的好官走，所以拦住了诗人离去的路。汉朝侯霸曾任临淮（治今江苏省泗洪县南大徐台子）太守。当时天下大乱，但在他的努力下，该郡未受什么影响。后来侯霸将改赴他任，百姓听说后，无论老弱，都大哭不止，甚至有人卧在路上不肯起来，希望能阻

① 《全唐诗》卷 446。

止侯霸离开。“耆老遮归路”就出典于此。“壶浆”指壶里盛满酒浆，“别筵”是送行的酒席。“甘棠”是一种树，传说周代召公南巡，曾在甘棠树下休息。后人很怀念他，就作了《甘棠》诗。此后，如果地方官惠及百姓，人们常以此为典。诗人这里是说，我没有作出什么成绩，你们何必为我流泪呢。当然，这是他的自谦。后两句涉及西湖的水利建设，这方面白居易施行的措施得当，效果明显，较大程度上解决了旱情严重时杭州民众的取水、用水问题，其自我评价有谦抑的成分，但还是比较平允的。

恬淡与安逸

杭州三年中，白居易除了恪尽职守外，还尽情游览山水。在此过程中，他创作了大量诗篇，其中不乏脍炙人口之作。

孤山寺北贾亭西，水面初平云脚低。
几处早莺争暖树，谁家新燕啄春泥。
乱花渐欲迷人眼，浅草才能没马蹄。
最爱湖东行不足，绿杨阴里白沙堤。

——《钱塘湖春行》[①]

“钱塘湖”即西湖，该湖三面环山，湖中有白堤、苏堤（北宋苏轼所修），二堤将湖面分为里湖、外湖、后湖。孤山在后湖与外湖之间，孤山寺就在山中，又名永福寺、广化寺。贾亭又叫贾公亭。唐贞元年间（785—804 年），贾全为杭州刺史，在西湖造了此亭。“云脚”是将要下雨或雨刚停时，接近地面的云气。长期以来，很多人都认为“白沙堤”为白居易所筑，所以称之为“白堤”。但白堤与白沙

① 《全唐诗》卷 443。

堤毕竟不同，所以又有很多人提出相反的意见，认为白沙堤早在诗人赴任杭州时就已存在，因此白沙堤并非白堤。

望海楼明照曙霞，护江堤白蹋晴沙。
涛声夜入伍员庙，柳色春藏苏小家。
红袖织绫夸柿蒂，青旗沽酒趁梨花。
谁开湖寺西南路，草绿裙腰一道斜。

——《杭州春望》[①]

首句是说，曙色中的霞光，把望海楼映照得十分明亮。天气晴朗，护江堤上铺着白色的沙子，诗人白居易踏着沙路前行。“伍员”即伍子胥，春秋楚国人，其父兄都为楚平王所害。伍子胥逃到吴国，助吴王阖闾打败楚国，后被陷害致死。“伍员庙”就是后人为了纪念他而修建的，在胥山（今江苏省苏州市胥口镇南）上。“苏小”是南齐钱塘（治今浙江省杭州市）名妓苏小小。“红袖”指织绫的女子，她们在夸耀自己织出的美丽花纹。杭州产绫，有“柿蒂”“狗脚”之名，都是指绫的纹路。“青旗”是酒家的旗帜，杭州有赶在梨花开时沽酒的习俗。“湖寺西南路”指孤山寺路，此路草绿时远望如西湖的裙腰。

馀杭形胜四方无，州傍青山县枕湖。
绕郭荷花三十里，拂城松树一千株。
梦儿亭古传名谢，教妓楼新道姓苏。
独有使君年太老，风光不称白髭须。

——《馀杭形胜》[②]

① 《全唐诗》卷443。
② 《全唐诗》卷443。

“州傍青山县枕湖”中的“州”即杭州，县是与杭州同治的钱塘县。“梦儿亭古传名谢”来自一个典故。谢灵运是由东晋入南朝宋的大诗人。他的父亲怕他长不大，曾把他寄养在钱唐（与南齐钱塘同治，南朝改为“钱塘”）杜明浦处。多年以后的一天，明浦梦见有贤人来访。果然，谢灵运于次日不期而至。于是明浦就在杭州城西灵隐山建了一个亭子，名为“梦谢亭”，又叫“客儿亭”。“教妓楼新道姓苏”即上面提到的苏小小。汉朝称太守为“使君”，这里是诗人自称。诗人觉得自己老了，与西湖美景实在有些不相称。

离　别

长庆四年（824 年）五月，朝廷任命白居易为太子左庶子。至此，如梦如幻的杭州生活就要结束了。离别之际，他赋诗《西湖留别》[①]，以示纪念：

征途行色惨风烟，祖帐离声咽管弦。
翠黛不须留五马，皇恩只许住三年。
绿藤阴下铺歌席，红藕花中泊妓船。
处处回头尽堪恋，就中难别是湖边。

古代交通工具不发达，长途旅行是个繁重的体力活，所以诗人将返京赴任比作“征途”。“行色”是行旅出发前的迹象。“祖帐”是为了送行在路边搭的帷帐。眼前风烟弥漫，景象凄惨。送行的筵席上，管弦发出呜咽的声音。“翠黛”是指女子的眉毛，古代女子以螺黛（一种青黑色矿物颜料）画眉，故称眉为“翠黛”。“五马”代指太守，汉代太守出行，以五马拉车，这里是诗人的自称。“绿藤阴

① 《全唐诗》卷 446。

下”“红藕花中”都是过往的赏心乐事。放眼望去，杭州的一花一草都是那么可爱，都值得无尽留恋，而其中最让人不能释怀的就是这西湖，这里留下了他多少闲适的身影啊！这里倾注了他多少为官的心血啊！

高楼据形胜，千里控幽燕
——明清鼎革的关键

山海关①

汪　松

关势横吞海，波光直接天。
帆飞孤屿外，城锁乱山颠。
俯瞰鱼龙戏，平临日月悬。
高楼据形胜，千里控幽燕。

什么样的雄关可以吞海接天？什么样的要隘可以俯瞰人间，与日月争辉？在清人汪松眼里，只有“据形胜”之地的山海关（在今河北省秦皇岛市东北）才有这样宏大的气势。诗中末句“千里控幽燕”是对山海关战略位置的恰当写照。“幽燕”即幽州和燕国，其范围大致相当于今北京市、河北省北部和辽宁省西部一带。也有人说此关是“两京锁钥无双地，万里长城第一关”，这种说法可以看作一种补充，突出了其“锁钥”的作用。所谓“两京”，即清朝定鼎中原后的首都北京（今北京市）及其陪都盛京（今辽宁省沈阳市），这两座城市一

① 《清诗汇》卷85。

个为政治中心，一个为龙兴之地，且分处关内、关外。而从军事地位的角度出发，山海关正可以钳制关内和关外。正因为这一特点，明清之际的山海关一度成为国家命运的转折点。

吴三桂的抉择

明崇祯十七年（1644年），大顺农民军领袖李自成率军攻陷京师（今北京市），明朝灭亡。而长期在关外与明朝为敌的清朝贵族对中原觊觎已久，正在厉兵秣马，准备南下夺取大明江山。当时，清朝的顺治帝福临在位，但由于他年龄幼小，一切军政大权都掌握在其叔父——摄政王多尔衮手中。他们看到时机已到，便由多尔衮亲率武英郡王阿济格、豫郡王多铎及汉将孔有德等，从盛京出发，进军关内。

这时，镇守山海关的明朝旧将、平西伯吴三桂是双方都努力争取的对象，哪一方能收服吴三桂，控制山海关，哪一方就获得了军事斗争的先手。当时，吴三桂的父亲吴襄为大顺军俘获，李自成以之要挟吴三桂，逼迫他投降。吴三桂随即就范，并与李自成派去的农民军在山海关做了防务交接。但就在吴三桂踏上赴京之路时，有人报告说他的爱妾陈圆圆被李自成手下大将刘宗敏掳去。他一怒之下回师攻破山海关，彻底与李自成决裂。

诗人吴伟业曾以陈圆圆为吟咏的对象，以记载此事：

鼎湖当日弃人间，破敌收京下玉关。恸哭六军俱缟素，冲冠一怒为红颜。红颜流落非吾恋，逆贼天亡自荒宴。电扫黄巾定黑山，哭罢君亲再相见。

相见初经田窦家，侯门歌舞出如花。许将戚里箜篌伎，等取将军油壁车。家本姑苏浣花里，圆圆小字娇罗绮。梦向夫差苑里游，宫娥拥入君王起。前身合是采莲人，门前一片横塘水。横塘双桨去如飞，何处豪家强载归。此际岂知非薄命，此时唯有泪沾衣。薰天意气连宫掖，明眸皓齿无人惜。夺归永巷闭良家，教就新声倾坐客。坐客飞觞红日暮，一曲哀弦向谁诉？白皙通侯最少年，拣取花枝屡回顾。早携娇鸟出樊笼，待得银河几时渡？恨杀军书抵死催，苦留后约将人误。相约恩深相见难，一朝蚁贼满长安。可怜思妇楼头柳，认作天边粉絮看。遍索绿珠围内第，强呼绛树出雕阑。若非壮士全师胜，争得蛾眉匹马还？

蛾眉马上传呼进，云鬟不整惊魂定。蜡炬迎来在战场，啼妆满面残红印。专征萧鼓向秦川，金牛道上车千乘。斜谷云深起画楼，散关月落开妆镜。

传来消息满江乡，乌桕红经十度霜。教曲伎师怜尚在，浣纱女伴忆同行。旧巢共是衔泥燕，飞上枝头变凤凰。长向尊前悲老大，有人夫婿擅侯王。

当时只受声名累，贵戚名豪竞延致。一斛明珠万斛愁，关山漂泊腰肢细。错怨狂风飏落花，无边春色来天地。

尝闻倾国与倾城，翻使周郎受重名。妻子岂应关大计，英雄无奈是多情。全家白骨成灰土，一代红妆照汗青。君不见，馆娃初起鸳鸯宿，越女如花看不足。香径尘生乌自啼，屧廊人去苔空绿。换羽移宫万里愁，珠歌翠舞古梁州。为君别唱吴宫曲，汉水东南日夜流！

——《圆圆曲》[①]

此后，吴三桂派人向清人示好乞援，当时多尔衮正在南下行军途中。眼见天赐良机，他随即掉转马头，率军开赴山海关，并复信说："我国虽然与大明征战多年，但早想重修旧好。可屡次致信于明帝，却没有得到任何回复。现在明朝已亡，我国的方针是平定中原，与民休息。听说李自成这流贼攻破京师，致使崇祯帝上吊自杀，这等罪行简直令人发指。我所率领的是仁义之师，此次前来就是要剿灭李自

① 《清诗汇》卷20。

成，救民于水火之中！您要为主子报仇，与流贼不共戴天，真是忠臣所为。请不要因为你我曾多次交战，就对我抱有敌意。当年管仲射齐桓公，而桓公不计前嫌，在其辅佐下成就了霸业。如果您率领部下归顺大清，我必封您为王。如此一来，国仇可报，身家性命可以保全，子孙后代可以长享富贵。”

吴三桂的“冲冠一怒”让大顺军瞬间由主动变被动。李自成得知山海关得而复失，也感到惊恐万分。在失去先手的情况下，他力图通过军事手段重新夺回山海关。于是李自成亲自率师东进，准备与清军决一死战[①]。

山海关大战

但农民军自从进入北京后，自上到下都感到万事大吉，部队缺乏纪律约束，军务已然废弛。而此时清军军容鼎盛，已先期抵达山海关。吴三桂有了硬靠山，不禁大喜过望，他亲自出关迎接多尔衮，并与其联军，准备共抗大顺军。为了防止作战时误杀友军，多尔衮还命吴三桂的部下都在肩头缠上白布，以示区别。

大顺军不久也抵达山海关，并与联军展开激战。当日飞沙走石，能见度很低。最终大顺军不敌对手，溃奔40里，李自成只好引军西撤。多尔衮在军前封吴三桂为平西王，令他以马兵、步兵各万人追击李自成。李自成回到北京后，为了泄愤，处死吴襄及其全家，但却无法挽回节节败退的颓势，最后落得个被清军消灭的下场。

吴三桂的心路历程

吴三桂对大顺政权降而复叛，转向清人，真的是为了一个女人

① 《清史稿》卷474。

吗？从后来的情况看，这一点值得怀疑。吴三桂是个有野心、精于计算且反复无常的人。明朝灭亡之际，他投靠清人。清朝建立后，吴三桂镇守云南，但他不甘心做地区首领，而是妄图推翻清朝，自己做皇帝。当李自成攻克京师时，他走到了人生的十字路口。大顺和大清都想拉拢他，他必须在权衡利弊之下作出最理性的决断，而这种判断是不能为任何感情所左右的。

吴襄始终掌握在李自成手中，吴三桂是很清楚的。但他坚决与李自成决裂，并向清人通好，说明父亲的生命对他来说不是不能舍弃的。连自己的父亲都可以不要，他为何不能放弃陈圆圆？因此，父亲、爱妾都不是他“冲冠一怒”而倒向清人的决定性因素，他的选择是通盘考虑的结果。

站在吴三桂的角度，他应选择什么样的新主人才能使自己的利益最大化？无疑是最有希望取得全国统一的那方。吴三桂曾在前线与清人作战，对对方的实力有一定的了解。他投靠多尔衮，是因为他看好这个拥有强大军事力量，曾对明朝构成极大威胁的少数民族政权。

那么，怎么解释陈圆圆事件呢？为何一听到爱妾被掳吴三桂就要掉转马头杀回山海关？这说明吴三桂在将双方作比较时，也颇费思量，直到投降李自成后还不敢确定这一锤子买卖是赚了还是赔了。从这一角度说，李自成的公关工作做得并不细致，未能从心理层面给予吴三桂必要的抚慰，让吴三桂确信大顺政权有实力、有希望，能够实现全国的统一。这就为吴三桂的降而复叛埋下了隐患。狐疑之际，吴三桂匆匆上马，带领部下向京师进发，但李自成以其父迫降肯定给他造成了心理阴影，正踌躇间，突然传来陈圆圆被抢走的消息，那一刻他肯定又担心、又焦虑，也一定会对李自成政权感到心寒。他的“冲冠一怒”不是为“红颜”，而是出于对大顺政权的失望。试想一下，一个对归附将领家眷缺乏基本尊重的政权，怎能聚拢人心、克成大业？

无论如何，清顺治元年（1644 年），满、汉两个民族的命运很大程度上系于山海关这个小地方，并最终向有利于清人的方向发展。不过退一步讲，就算吴三桂进了北京城，大顺政权统辖下的山海关就能挡住八旗劲旅的冲击吗？管理粗糙、驭下不严的李自成能够御敌于关外，进而完成全国的统一吗？历史不追究种族，只考问道德。所谓“皇天无亲，惟德是辅”，就是这个道理。

羊马群中觅人道，雁门关外绝人家
——沧桑雄关

云中道上作[1]

施肩吾

羊马群中觅人道，雁门关外绝人家。
昔时闻有云中郡，今日无云空见沙。

这首诗很有意思，题目中有“道”，但首句中诗人却要“觅人道”，这不是自相矛盾吗？原来此时他身在“雁门关外”，而那里人烟稀少。鲁迅说，世上本没有路，走的人多了也便成了路。所以，没有人的地方自然谈不上什么路，这也难为了处在牛马群中、茫然无措的诗人。接着，他说，以前听说这里有个云中郡（治今山西省大同市），今天走在路上发现万里无“云”，只有遍地黄沙。末句中“今日无云”的“云”有双关含义，既是说“云中郡”已不复存在，也是对当时天气的描述，可谓诗人匠心独具之处。没有了“云中郡”，自然也不存在什么“云中道”。这从另一个层面说明了当地荒凉不堪、人迹罕至的情况，也衬托出诗人的孤独心境。

---

① 《全唐诗》卷 494。

雁门关简介

雁门关自古就是兵家必争之地。战争频发，老百姓是不可能在这里大规模聚居的。所以，“雁门关外绝人家”反映了历史真实情况。

雁门关有“九塞尊崇第一关”之称，可见它在古代中国的地位。此关坐落于今山西省代县代州古城北的勾注山脊，南控中原，北扼朔漠，是中国古代关隘中规模宏伟的军事防御工程。

有的读者可能会问了，这座关是怎么得名的呢？为什么叫作“雁门”呢？有人认为，雁门关所在的勾注山经常有大雁飞过，所以称山上的关隘为“雁门关”①。另外一些人的观点则更具体，他们认为，勾注山非常高峻，寻常鸟儿无法飞越，但山体中有一个缺口，形状像门，经常有大雁从此处穿越，所以叫作“雁门”，就此有了“雁门关”的名字②。

雁门关并非一开始就在勾注山上，而是经历了一个迁移的过程。秦汉以前，它的位置在今山西省阳高县北的阳和口。后世才迁到了今代县境内。我们不妨将秦汉以前的雁门关称为“旧雁门关”，将代县雁门关称为“新雁门关”。

良将李牧

无论新旧，历史上的雁门无疑是战争的代名词。就在旧雁门关下，发生过一系列激烈的大战，涌现出了李牧等英雄人物。

---

① 《山海经》卷 11《海内西经》。

② 《天下郡国利病书》第十七册。

李牧，是战国时赵国的著名将领，司马迁称他为“北边良将”[①]。他多年驻守雁门关，以防备匈奴南下。他体恤下属，爱惜士卒，收缴上来的税费都充作公用，从不为自己牟私利。李牧为了让士兵拥有一个良好的作战状态，对军事训练给予了充分重视。同时，他还给下属改善伙食，士兵们经常能吃上牛肉。在军事情报的获取上，李牧双管齐下，既努力建设烽火台，加强军事预警机制，又散布间谍，通过打入敌人内部洞悉对手的军事动向。这些措施保证了赵军在战争中的主动性，为边境安全打下了坚实基础。

李牧从不轻易出击，他总是对手下人说：“匈奴南下就是来掠夺的，他们一来，你们赶紧把粮草辎重搬回城中，不许迎击。有违令者，格杀勿论！”于是，匈奴每次来袭，李牧都能利用烽火台预先做好准备，坚壁清野，让敌人空手而归。这样的情况持续了几年，虽然没能对匈奴的有生力量构成打击，但赵军自己也没有损失。这样一来，匈奴以为赵军惧战，而且就连赵军内部也有了质疑的声音。

本来，赵王是支持李牧的，但舆论对李牧越来越不利。赵王耳根子软，在身边小人的蛊惑下，要求李牧主动出击，消灭匈奴，但李牧不为所动。眼见命令得不到贯彻，赵王勃然大怒，他将李牧撤职，让其他将领接替了雁门关的防务。

后来者秉承赵王旨意，每次匈奴前来都发兵攻击，但每次都大败而归，颜面扫地。屡战屡败之下，经济损失随之上升，严重影响了边境地区的农牧业生产。赵王一看不行又后悔了，只好请李牧出来收拾残局，但他称病在家，就是不服从命令。不过，最终在赵王的严令之下，他只好重新出山。临行之前，他对赵王说：“您要用我，可以。但我回到雁门关后，还要走坚壁清野的老路。如果您同意，我就去。如果不同意，我去也没什么意义。”赵王从善如流，答应了他。

李牧又来到了雁门关。很快，赵军改弦易辙，重回旧路。几年

① 《史记》卷81。

过去了，匈奴没占到任何便宜。然而，“养兵千日，用兵一时”，赵军将士整日操练，却无用武之地。日子久了，难免发些牢骚。同时，李牧认为也应该教训一下匈奴了。于是，他选了一千三百辆战车、三万匹良马、五万名猛士、十万名射手，开始加紧备战。

这一天，他故意打开城门，让老百姓到城外去放牧。匈奴前哨看到漫山遍野的牛羊，赶紧向上级将领打了报告。匈奴将领深知李牧久经战场，足智多谋，因此非常警惕。他们先派了小股人马，前来试探。李牧随机应变，他命先头部队一交锋就佯装败退。匈奴见有机可乘，随即派大军压境。李牧见敌人上钩，马上布下奇阵，从左右两翼对其进行包围，最终消灭匈奴十余万人。对手元气大伤，此后十余年都不敢南下侵扰。

后来，秦、赵两国交战，李牧屡败秦军。秦军连连失利，最终使出反间计，他们贿赂赵王身边的宠臣郭开，让他在赵王面前以谋反为名诬陷李牧。赵王不分青红皂白，很快便杀了李牧。但自毁长城的报应来了，赵国最终被秦国消灭。对此，唐人周昙有诗曰：

秦袭邯郸岁月深，何人沾赠郭开金。
廉颇还国李牧在，安得赵王为尔擒。

——《郭开》[1]

“邯郸”即赵国首都，治今河北省邯郸市。廉颇是与李牧齐名的赵国将领，后来因为内部斗争，被迫逃亡魏国。诗人说，如果廉颇回国、李牧在位，赵王怎么会被秦国所擒呢?

是雁门关成就了李牧，也是李牧成就了雁门关。李牧的结局令人扼腕，但他的功绩将永远彪炳史册，与雁门关同在。

① 《全唐诗》卷 728。

忠魂杨业

新雁门关也曾见证过一位古代名将的风采，他就是北宋的杨业。

杨业从小习武[1]，喜欢打猎，骑射俱佳，为常人所不及。后来他追随北汉的建立者刘崇（即位后改名刘旻），成为其手下的重要将领，屡立奇功。因此，人们都称他为“杨无敌”。

北宋太宗赵炅听说了他的大名，想将其收买，但没有成功。后来，宋太宗亲自带兵讨伐北汉，将北汉首都太原（治今山西省太原市西南晋源镇附近）重重围困起来。当时双方实力差距很大，杨业使出浑身解数也未能挽狂澜。眼看国家将亡，抵抗已变得没有意义。为了不使生灵涂炭，他力劝当时的皇帝刘继元投降。北汉统治者但求富贵，也就从了。

听说杨业来降，太宗非常高兴，重重地赏赐了他。杨业久在边地，为了发挥他的作用，太宗令他镇守雁门关。当时，北宋北部边境的威胁主要来自契丹族建立的辽政权。一次，辽人南下骚扰，杨业以数千骑兵迂回到敌军背后，狠狠地打击了对手。从此之后，辽人一见到杨业的军旗，就望风而逃。久而久之，他的名气越来越大，招来了其他边将的嫉恨。于是，诽谤他的奏章像雪片般飞到了太宗的龙案上。有人说杨业是北汉降将，未必真心保大宋。也有人要皇帝削弱他的兵权，以防他谋反。但太宗对杨业给予了充分信任，所有诽谤书他都不予理睬，并全数送达雁门关杨业处。

有杨业这样的良将固守北陲，虽然可以免除一时之忧，但不能从根本上解决边境隐患。所以，太宗在长期准备后发动了北伐。北伐军的统帅为朝臣潘美，杨业为副将，王侁、刘文裕等将为护军。大军从雁门关出发，浩浩荡荡地向辽国进发。

开始，宋军进展较为顺利，连克云（治今山西省大同市）、应

① 《宋史》卷272。

（治今山西省应县）、寰（治今山西省朔州市东北 33 里马邑村）、朔（治今山西省朔州市）四州。但宋将曹彬所部在前线失利，牵动全局，宋军被迫全线撤回雁门关。此时，太宗下诏，要求前线部队将四州百姓一齐护送至境内。另一方面，辽国太后萧氏与大臣耶律汉宁等人集结了十余万大军，快速收复了寰州。

在这种形势下，杨业对潘美说："现在辽军锋芒毕露，不可轻易与之交战。既然朝廷要求我们护送百姓，就应该以此为中心布置兵力。"王侁和刘文裕却表示反对。王侁说："杨将军素有'无敌'之名。怎么这回怕了？还是有什么不可告人的意图？"杨业说："我不是怕死。只是现在形势不利，硬碰硬只会加重伤亡。不过你既然这么说，我就打个头阵，以死明志！"

临出发前，杨业对潘美说："我预感这次我是有去无回了。我本来是北汉降将，早就该死了。可皇上不仅不杀我，还授予我兵权，恩重如山，我只有以死来报国恩。不过，还是请您在雁门关西面的陈家谷口（在今山西省宁武县北阳方镇附近）布置士兵和射手，待我杀到那里时予以救援，否则我将全军覆没。"

杨业走后，潘美就和王侁等在陈家谷口。他们从凌晨一直等到中午，也没见有人从战场上下来。王侁耐不住性子，就派人登高远望，也无结果。他以为辽人败了，怕功劳都被杨业占去，于是要带领自己的部队去争功，潘美拦不住，只好随他同去。一会儿，前线传来了杨业败北的消息，他俩一听都慌了，急忙带兵跑回了雁门关。

黄昏时分，杨业带领残兵退到了陈家谷口，却发现此处并无援军，不禁痛哭。他并未丧失斗志，而是率领士兵继续奋战。不久之后，宋军伤亡殆尽，杨业的儿子杨廷玉也阵亡了。

杨业全身受伤数十处，为敌人所擒。被俘后，他叹息道："皇上厚待于我，我本打算杀敌卫边以报答皇上的恩情。但这次被奸臣陷害，致使我军战败。我还有什么颜面活在世上？"他绝食三日，不屈而亡。

后来，杨业的子孙继承了他的遗志，继续在战场上保家卫国，并留下了“杨家将”的千古美名。

不朽的雁门关见证了李牧、杨业等不同时代爱国将领的赤胆忠心和赫赫战功。每当人们提起雁门关，这些熟悉的名字都会涌上心头，并被永远镌刻在中国人的记忆里。

虎啸猿啼万壑哀，北风吹雨过山来
——仙霞关与仙霞道

度仙霞关题天雨庵壁[①]

查慎行

虎啸猿啼万壑哀，北风吹雨过山来。
人从井底盘旋上，天向关门豁达开。
地险昔曾资剧贼，时平谁敢说雄才？
一茶好领闲僧意，知是芒鞋到几回！

查慎行是清朝著名诗人，这首《度仙霞关题天雨庵壁》是他到仙霞关游览时所作。要讲仙霞关，则要先讲一下仙霞岭。仙霞岭，地处今浙江、福建、江西三省省界，由窑岭、茶岭、小竿岭、梨岭（五显岭）及仙霞岭组成，统称仙霞岭。这里重峦叠嶂，峭壁千仞，山峦绵亘百余里。而仙霞关正位于今浙江省江山市南 42 公里处的仙霞岭上，唐朝末期起义军首领黄巢所开创的仙霞古道穿关而过。仙霞关是中国古代的重要关隘之一，有“全浙咽喉”“南服之雄”“东南天险”等名号，是很多重大事件的发生地。

① 《敬业堂诗集》卷 25。

诗题中的“天雨庵”在仙霞岭上。首句说，诗人经过仙霞关时，北风带雨，虎啸猿啼，险峻的仙霞关使人惊心动魄。“壑”本是山沟之意，这里引申为各种防御工事。“井”是仙霞岭下的一口井，名为“龙井”。次句是从天、人两个角度描写仙霞关的高峻。“地险昔曾资剧贼”来自一个典故。清朝初期，“三藩”之一、世守福建的耿精忠曾响应吴三桂叛乱。他发兵北上，从仙霞关进入浙江，一度对江南地区的稳定构成极大破坏。“时平”是承平时期的意思。诗人游览仙霞关的时候三藩早已平定，所以说“时平”。这句是说，现在这样的和平年代，仙霞关早已没有了用武之地，谁还敢自夸雄才呢？“闲僧”是照应题目中的“天雨庵”，“芒鞋”即草鞋，是诗人登山时穿的。末句的意思是我来到天雨庵，那里的僧人用茶水款待我，我很感激，可这么险峻的地方，我一生能来几回呢？

黄巢筚路蓝缕

早在唐朝，农民起义领袖黄巢就曾来到仙霞岭。他在向建州（治今福建省建瓯市）行进的途中开辟了700里长的仙霞古道[①]。

黄巢，曹州冤句（治今山东省曹县西北）人，生活在唐末。他家世世代代以卖盐为生，较为富裕。黄巢从小好武，经常练习击剑、骑射，与江湖上的武人多有来往。

唐咸通（860—874年）末年，年景不好，中原地区闹了灾荒，再加上唐廷的暴政，时有农民起义发生。到了乾符二年（875年），有一个名叫王仙芝的人起义于长垣（治今河南省长垣市东北）。黄巢看到有机可乘，就与其他八人募集数千义军，与王仙芝合兵一处，共同对付朝廷。

起义军发展很快，一度对唐东都洛阳（治今河南省洛阳市洛河南北、瀍河东西）构成极大威胁。后来，他们各自为战，王仙芝兵败被

① 《新唐书》卷225下。

杀。王仙芝的余部逃往黄巢处，与黄巢的军队共同推举黄巢为“冲天大将军”，定年号为“王霸”。这时黄巢成了起义军的最高领袖，初步建立了自己的政权。

黄巢本以东都为攻击目标，但官军调集重兵防守此地。看到破敌无望，他就带领队伍向南发展。在与唐军反复交战后，黄巢决定自浙江进入福建。

他们要想到达福建，必经仙霞岭。这里人迹罕至，没有现成的道路可走。黄巢就带领起义军披荆斩棘，开拓出一条长达700里的仙霞古道。现如今，道旁有棵千年槠树，历经雷击炮轰，老躯残干仍见新枝，相传为黄巢拴马之树。通过此道，他们顺利进入闽地，开辟了起义的新战场。

郑芝龙弃守仙霞关

黄巢之后，仙霞古道及横跨在古道上的仙霞关成了沟通仙霞岭南北的唯一通路，人们为了这条“路”拼杀不已。我们以南明隆武政权的抗清斗争为例，说说这条路和这座关的重要性。首先，我们谈谈郑成功家族。

郑成功，初名郑森，字大木，福建南安（治今福建省南安市东丰州镇）人。他的父亲郑芝龙是明朝末期福建沿海著名的海盗，后来归降朝廷，逐渐升任总兵。

清顺治二年（1645年），清军下江南，攻击南明福王政权。当时，郑芝龙的弟弟郑鸿逵守卫瓜洲渡口（在今江苏省扬州市邗江区南瓜洲镇），为清军所败，就和众多明朝遗臣保着明宗室唐王朱聿键来到福建。郑芝龙在当地经营多年，唐王要想立足，必须得到他的支持。郑芝龙觉得拥戴朱明子孙有利于壮大自己的势力，就和郑鸿逵及众多来闽遗臣一起立唐王为帝，改年号为“隆武”。

郑氏家族作为福建的地方势力，掌握着军队，是隆武政权存在的重要保证。朱聿键明白这一点，所以对郑芝龙、郑鸿逵及郑成功等人宠遇优渥，多加封赏。尤其是郑成功，朱聿键赐他“朱”姓，他也因此有了“国姓爷”的美称。

对隆武帝的知遇之恩，郑成功是感激的。他与众大臣都劝皇帝振作精神，北上收复失地。但郑芝龙并不看好小朝廷，嘴上虽不敢说，但内心并不支持北伐。然而，在隆武帝的压力下，他被迫命郑鸿逵等人经仙霞古道出仙霞关，作出准备作战的姿态。而实际上，郑芝龙秘密授意郑鸿逵，借故在仙霞关迁延不前。

先前归降清廷的明将洪承畴与郑芝龙是南安同乡，他以嘘寒问暖之名致信郑芝龙，主要目的是劝郑芝龙归顺清朝。郑芝龙出身江湖，老辣多变，对当前形势颇有见解。他看到清军势大，渐渐有了二心。郑成功看在眼里，急在心上，多次劝说父亲不要做骑墙派，但并未达到目的。

顺治三年（1646 年），清军自浙江进军福建。郑芝龙为了迎接清军，主动撤掉了仙霞关的守备，清军一路从仙霞古道南下，未遭到任何抵抗。他们很快进入福建境内，并一举消灭了隆武政权。郑成功忠心耿耿，要力保大明，但兵权在父亲手中，他丝毫动弹不得。眼下的办法，就是做通父亲的思想工作，让他不要走投降的路。但父子俩的分歧由来已久，他的游说并未产生实际效果。无奈之下，郑成功只好自己组织人马对付清军，但已无力改变隆武政权覆亡的结果。

从此，郑氏父子分道扬镳。郑芝龙到京城当了官，而郑成功则留在浙江、福建地区坚持抗清。郑鸿逵虽曾帮哥哥敷衍过小朝廷，但他内心还是反清的，所以他也留了下来，与郑成功并肩作战。

现在看来，仙霞关对隆武政权实在太重要了。此地一失，福建门户大开，清军兵不血刃地进入了小朝廷的腹地。如果郑芝龙紧守门户，他未必不可抵挡一阵凶猛的八旗兵。但历史不能改写，当时隆武帝所能倚仗的只能是郑氏家族，他虽有皇帝之名，却指挥不动军队。这真是时也！命也！

耿精忠的救命稻草

仙霞关的故事还没有结束，清朝的中央和地方势力也曾在那里展开激烈的争夺。

清朝建立后，朝廷封明朝降将耿仲明为靖南王，镇守福建。到了清康熙十年（1671 年），这一爵位传到了耿氏的孙子耿精忠手中。此人是肃亲王豪格的女婿，但却与野心膨胀的平西王吴三桂多有往来，准备与之谋逆[①]。

康熙十二年（1673 年），吴三桂起兵叛乱。不久后，耿精忠也举兵响应。他一方面与吴三桂合兵攻打江西，另一方面邀请台湾郑氏家族骚扰沿海州县，以作声援。同时，耿精忠又派出大将曾养性等人自仙霞古道出仙霞关，进入浙江。起初，耿精忠的队伍势如破竹，攻下了浙江的很多州县，使江南大震。

但到了康熙十五年（1676 年），形势逐渐逆转。清军不仅收复了浙江全境，还一口气打到了仙霞关下。耿精忠本想凭借仙霞天险负隅顽抗，但他却没有抓住这唯一的救命稻草。关城守将金应虎不战而降，清军进入福建境内。

仙霞关失守后，耿精忠意识到自己已是穷途末路，只好投降。康熙二十一年（1682 年），他在京城被处死。

仙霞关大捷

近现代史中，仙霞关也有其特殊的地位。

1942 年 6 月，日军侵占浙江省江山县（治今江山市），企图进入福建省。中国军队第四十九军一〇五师在仙霞岭上构筑起三道防线。

① 《清史稿》卷 474。

从7月31日至8月9日，一〇五师血战十昼夜，击败日军七千余人的轮番进攻，歼敌逾千，取得仙霞关大捷。

在最后的战斗中，日军一名指挥官骑着高头大马，刚走到仙霞关旁的一座桥上，就被一〇五师将士一枪毙命，翻身落马。随后，日军全线溃退。后来，这座桥得名为“落马桥”。

防御工事的险要与否，固然对军事斗争的结果有重要影响。但即便是仙霞关这样的铜墙铁壁，也是受人控制的。郑芝龙、金应虎大开城门，迎接敌人，使得仙霞雄关与古道成了对手的绿色通道。相形之下，英勇的中国军队，不惧怕凶悍的日寇。他们在占据仙霞地险的情况下，使出浑身解数与之周旋，最终打退敌军，使得仙霞关南部的锦绣河山免受蹂躏。就这一历史现象，唐刘禹锡的一首诗形容得非常贴切：

潮满冶城渚，日斜征虏亭。
蔡洲新草绿，幕府旧烟青。
兴废由人事，山川空地形。
《后庭花》一曲，幽怨不堪听。

——《金陵怀古》[①]

① 《全唐诗》卷357。

寂寂函关锁未开，田文车马出秦来

——函谷关风采

函谷关[①]

胡　曾

寂寂函关锁未开，田文车马出秦来。
朱门不养三千客，谁为鸡鸣得放回。

函谷关，中国古代名关之一，位于今河南省灵宝市北函谷关镇。这里是一些著名成语的诞生地，如胡曾诗中的“鸡鸣”一语，实是“鸡鸣狗盗”的简写。《函谷关》一诗正是围绕这个成语写就的。

鸡鸣狗盗

战国时期，有所谓“四大公子”，其中一位叫作孟尝君。此人姓田名文，是齐湣王的叔叔[②]。孟尝君以爱才著称，就算是亡命之徒，只要有一技之长，他也愿意收留。因此，他的门下逐渐聚集了三千名

① 《全唐诗》卷647。

② 《史记》卷75。

各怀绝技的食客。“朱门”指古代王公贵族的府门，诗中“朱门不养三千客”是一种假设。

秦昭王早就听说了孟尝君的贤名，因此希望请他来秦国一见。于是，昭王派人赶到齐国，并向孟尝君表达了这个意思。孟尝君觉得此事非同小可，就去征求门下宾客的意见。大家认为秦国是虎狼之国，如果他去赴会，怕是有去无回，所以都不赞同。

秦昭王不死心，再次派人前来，这次是请孟尝君担任秦相一职。迫于秦国的威势，孟尝君只好赴秦国履新。有人对昭王说：“田文虽然贤明，可毕竟是齐国贵族。如果他担任了秦相，肯定会优先考虑齐国的利益，这样下去秦国就危险了。”昭王觉得有道理，很快免除了孟尝君的职务，并将他囚禁起来。此时“人为刀俎，我为鱼肉”，面临着性命之忧，孟尝君必须想办法脱身。

于是，他派人到秦王的一个宠姬处，希望她能为自己求情。那宠姬说：“这个事我可以办到。不过我听说孟尝君有一狐白裘，我希望他能用那白裘做个交换。”原来，孟尝君有一件天下无双的皮裘，全部由狐狸腋下的白毛做成，价值千金。但此物入秦之时已作为礼物献给了昭王，现在手中别无他“裘”，这可怎么办呢？他把宾客们找来，让他们出谋划策，但议了半天，也没人能拿出个万全之策。

此时，一位不起眼的宾客挺身而出，他说自己善钻狗洞，愿为孟尝君冒险盗裘。孟尝君觉得也没有更好的办法，就决定让此人去碰碰运气。那人领命出来，趁着夜色，跑到秦宫仓库中，盗出了白裘。

孟尝君见这人不辱使命，非常高兴，对他大加赞赏。然后，他派人将白裘送往宠姬处。宠姬拿人钱财，替人消灾，就在昭王面前为孟尝君说了好话。昭王对她言听计从，就下令放了孟尝君。

孟尝君得脱牢笼，急忙伪造了通行证，带着一干宾客返回齐国。他们日夜兼程，丝毫不敢懈怠。到达秦国边境函谷关的时候，已经是深夜。而这时，昭王对于贸然放走孟尝君感到后悔，于是他又立马派人去追。每天清晨鸡鸣之后，函谷关才开门供人进出。孟尝君也料到昭王会反悔，但此时距鸡鸣尚早，函谷关关门未开。这时，宾客中有人自告奋勇，愿学鸡鸣。一试之下，引得关内的鸡一齐打鸣，于是孟尝君等人得以出关。一顿饭的工夫，昭王追兵也到了，但此时孟尝君已走，他们只好空着手回去复命。

这就是“鸡鸣狗盗”的来历。想必看完这个故事，您也一定明白了《函谷关》一诗的含义。

紫气东来

东周时期，老子主管朝廷的藏书①。他看到国家一天天衰败下去，感到心灰意冷，想就此西去。有一天，函谷关的负责人尹喜发现有紫气在关城东方徘徊，他精于阴阳星宿之学，预测到这是老子将要光临的征兆。果然没多久，老子就驾着一头青牛来到了函谷关②。后来，人们就用“紫气东来”形容吉祥的兆头。

尹喜对老子崇拜已久。他问明来意，就对老子说：“您将归隐，今生我恐怕再也见不到您了，就请您将平生所学书写下来，送给我好吗？”老子欣然应允，且挥笔立就，写下了一本五千多字的书，这就是流传后世的道家经典《道德经》。后人吟咏此事的诗很多，如唐朝诗人宋之问的《函谷关》③：“……不从紫气台端候，何得青华观里逢。欲访乘牛求宝箓，愿随鹤驾遍瑶空。”

白马非马

诸子百家中有一派以逻辑推理见长的“名家”，其代表人物为公孙龙子。有一天，公孙龙子牵着一匹白马经过函谷关④。当他到达城

① 《史记》卷63。

② 《列仙传》卷上。

③ 《全唐诗》卷53。

④ 《公孙龙子》“白马论”。

门下的时候，守门的士兵将他拦住，说："上面有命令，此门马不能过。"公孙龙子微微一笑，说道："兄弟，我这不是马，而是白马。你就让我过去吧。"那人说："白马也是马啊，不是马是什么？"公孙龙子振振有词地说："白马是白马，马是马，二者可不能混为一谈。"

最后，那士兵实在无法对付公孙龙子的诡辩，就让他牵着马进了城。后来，人们就用"白马非马"来比喻诡辩的人或此类状况。关于这个故事，宋人胡宿有诗曰：

天开函谷壮关中，万古惊尘向此空。
望气竟能知老子，弃繻何不识终童。
谩持白马先生论，未抵鸣鸡下客功。
符命已归如掌地，一丸曾误隗王东。

——《函谷关》①

孟尝君复仇

上文讲的都是函谷关与成语的故事。而作为关隘，其最主要的功能是军事防御。下面我们结合函谷关的地理位置讲讲在这里发生的战争。

地险崤函北，途经分陕东。
逶迤众山尽，荒凉古塞空。
河光流晓日，树影散朝风。
圣德今无外，何处是关中。

——《过函谷关》②

① 《全唐诗》卷 731。
② 《全唐诗》卷 769。

此诗为唐人杨齐哲所作。首句中“崤函”在古代常常连称，指的是崤山和函谷关。这两个地理坐标，曾是“山东”和“山西”的分界点，在古代有重要意义。希望读者朋友不要误解的是，这里的“山东”“山西”不是今天的山东、山西两省，它并非行政区概念，而是古人对北方地区的一种人为的划分。

正因为函谷关具有这种临界点的意义，所以一直以来就是兵家必争之地。上文谈到孟尝君出关后，秦国的追兵就没有办法了。这是因为函谷关是秦国的边境所在，如果出关追击，必然会侵犯他国主权，引起外交甚至军事纠纷。孟尝君回到齐国后，对在秦国受到的侮辱怀恨在心，就发动齐、韩、魏三国一起攻打秦国①。公元前298年，三国军队兵临函谷关下。孟尝君见关城不易攻取，就派大军将它围困起来。经过三年的激烈争夺，函谷关终于被攻破，秦国被迫求和。

哥舒翰兵败函谷关

安史之乱中，函谷关是唐军与叛军争夺的焦点。

安禄山起兵，打的是诛杀权臣杨国忠的旗号。他率军南下西进，向李唐都城长安进发。看到前线节节败退，唐明皇李隆基每天都如坐针毡。为了遏制叛军的进攻势头，他派大将哥舒翰赴潼关（在今陕西省潼关县东北）驻守。

到达潼关后，有人对哥舒翰说：“安禄山是冲着杨国忠来的，咱们留下三万人守关，将其他精锐部队都带回长安，以雷霆手段杀了杨国忠。叛军就没有进攻的口实了，您看如何？”哥舒翰起初表示赞同，但深思之后却未付诸行动。这件事传到了杨国忠的耳朵里，他从此对哥舒翰怀恨在心。

① 《史记》卷45。

此时，叛军已屯兵潼关附近，但哥舒翰紧闭城门，并不主动出击拒敌。前方探子回报说敌人涣散，没有什么防备。唐明皇对此表示认可，要求哥舒翰尽速出关迎敌。哥舒翰对此不以为然。他说："安禄山久经战阵，熟悉军事，不可能没有防备。所以探子看到的只是表面现象，是要引我们上钩的诡计。而且叛军远来，利在速战。我军只要坚守阵地，就可立于不败之地，所以我认为不能轻易出兵。如果出兵，肯定会中对手的奸计。我看还是先观察一下形势比较好。"

杨国忠怕哥舒翰对他不利，多次奏请皇帝，要求唐军主动进攻。李隆基受到杨国忠的蛊惑，就对前线下了死命令，强迫哥舒翰领兵出关。

哥舒翰没有办法，只好领兵东进，一直到达函谷关附近的西原（在今河南灵宝市西北）。经过几天的整顿，唐军做好了交战准备。这天上午，战斗开始。唐军南靠险峭，北临黄河，数千叛军也占据了一处有利的地势。哥舒翰乘船浮于黄河中流，以观察形势，指挥作战。他看到敌军兵少，就命令军队进击。但山路窄短，士兵互相拥挤，已不成队伍。到了午后，突然刮起了大风，叛军推出数十辆草车，将其引燃，浓烟顺着风来到本已不成队列的唐军前锋中，随即引起大乱。士兵互相踩踏，很多人都掉到了河里。后军见先锋生变，也溃散开来，这样导致更多的人被挤入黄河。叛军随即掩杀过来，唐军大败。经此一战，唐军损失十之八九，哥舒翰当了俘虏，后被安禄山所杀。对此，杜甫作诗哀叹道：

士卒何草草，筑城潼关道。
大城铁不如，小城万丈余。
借问潼关吏，修关还备胡。
要我下马行，为我指山隅。
连云列战格，飞鸟不能逾。
胡来但自守，岂复忧西都。

丈人视要处，窄狭容单车。
艰难奋长戟，万古用一夫。
哀哉桃林战，百万化为鱼。
请嘱防关将，慎勿学哥舒。

——《潼关吏》[①]

“百万化为鱼”是当时唐军溃败的真实写照，而“慎勿学哥舒”则是对后来者的警醒。

① 《全唐诗》卷217。

万里鸣刁斗，三军出井陉

——险仄的关口

送赵都督赴代州得青字[1]

王　维

天官动将星，汉上柳条青。
万里鸣刁斗，三军出井陉。
忘身辞凤阙，报国取龙庭。
岂学书生辈，窗间老一经。

此诗大约作于唐天宝元年（742 年）之前，“赵都督”名字不详。“代州”，治今山西省代县。古人相约赋诗，规定若干字为韵，各人分拈韵字，依韵而赋，“得青字”即拈得“青”字韵。从题目来看，这是一首即兴送别诗。首句中的“天官”指天上的星座。古人认为，星座有尊卑，就像人间也有大小官员一样，统称天官。“将星”是星的名字，主宰战争。这里说“动将星”，暗指将有战事发生。“刁斗”是一种行军用具。“井陉”则是井陉关。以上是赵都督率领军队赴前线作战的概况。

① 《全唐诗》卷 126。

“凤阙”出典于《史记》：汉武帝曾营建建章宫，其东有凤阙，高二十余丈。后人就用“凤阙”泛指帝王的宫殿。“龙庭”又称龙城，是匈奴单于祭天地鬼神的地方。这句是说赵都督辞别皇帝出征，要奋勇杀敌，报效国家。最后，诗人将保家卫国与读书学习相比较，认为前者才是正道，可见作者也向往奔赴战场、建功立业。而诗中的井陉关正是历代兵家的用武之地。

要谈井陉关，就不得不讲井陉古驿道，因为这两者是事物的一体两面。总体而言，井陉关不是一座关城，而是一个关口。它西起固关、娘子关（均在今山西省平定县境内），东达土门关（在今河北省石家庄市鹿泉区境内），而井陉驿道将上述三座古老的城池一线相穿，成为中国最有名的古驿路之一。史书上说，此道“车不得方轨，骑不能成列”，其险仄可见一斑。

背水一战

汉将韩信曾战于井陉口（即今土门关），留下了“背水一战”的典故。

汉二年（公元前205年）四月，刘邦在彭城（治今江苏省徐州市）大败于项羽[①]。诸侯国纷纷背汉向楚，刘邦被孤立起来。为了摆脱被动的局面，他命韩信率领部分汉军北上东进，力图先统一北方，从战略上包围楚国，然后统一天下。同年八月，韩信消灭黄河东岸的魏国。刘邦随即派大臣张耳到达前线，与韩信一道，继续攻击赵、代两国，并很快打败代国。

当时韩信与张耳有兵数万人，他们准备率主力东下井陉关。赵王与大臣成安君陈余听说汉军要来袭击，就将二十万主力部队聚集在井陉口，要以逸待劳，防患于未然。这时，该国广武君李左车主动来向陈余献计。他说：“韩信东渡黄河，俘虏了魏王。如今他有张耳

① 《史记》卷92。

辅佐，对我国虎视眈眈。他们千里奔袭，锋芒毕露，因此很难阻挡。我听说远途作战，粮草不容易跟上，所以士兵常常吃不饱饭。如今，井陉驿道非常狭窄，汉军行军数百里前来挑战，辎重一定落在后面。如果您能给我三万兵马，我将率军从小道抄韩信的后路，劫夺其辎重，这样敌人就揭不开锅了。您稳坐大营，坚决不与之交战，我则断了他们的退路，令对手后退不得。这样不出十天，我一定能把韩信、张耳两人的人头献上。请您仔细考虑一下我的建议，否则我军必败，您也免不了成为敌人的俘虏。”

成安君陈余是风流蕴藉的儒生，习惯纸上谈兵。他迂腐地认为，战争应光明正大地进行，不可使用阴谋诡计。所以他并不认同李左车的观点。成安君说：“我记得兵法上讲，如果我的兵力是对方的十倍，就要利用自己的人数优势将其围困起来，然后歼灭敌人。如果是对方的两倍，也应主动出击。韩信虽然号称有数万军队，其实不过几千乌合之众而已。他们这一点儿兵力，经过长途跋涉，现在已经很疲劳了。如果面对这样的敌人，我们都不敢主动攻击，将来若是来了更厉害的，还怎么对付？诸侯如果知道我这样怯战，肯定会争相来攻打赵国的，我不能让这种事发生。”李左车的计谋就这样被搁置了。

早先，韩信曾派出间谍刺探赵国的动向。因此，他很快就知道了广武君献策失败的消息。看到陈余如此刚愎自用，他长长地舒了口气，有了必胜的把握。然后，韩信率领大军，向井陉口进发。到了距离该地 30 多里的地方，他命令全军就地驻扎下来。

到了半夜，韩信挑选了两千名轻骑兵。他们人手一面红旗，从小路向陈余军营进发。韩信嘱咐这两千人说，只要看到对方，就不要再接近了，同时利用各种手段掩护自己，防止被对方发现。另外，韩信要求这两千人在赵军大举出营作战时，迅速占领敌人营垒，将赵军的旗帜换成他们手中的红旗。

随后，他传令后勤，要求尽快准备好酒水食物，并说：“咱们很快就能打败赵军，回来以后要大摆庆功宴。”手下将领都觉得韩信在说大话，但又不好明言，只能假装应和着。

之后，韩信开始作正面战场的部署。他命先头部队一万人于绵蔓水（即今桃河）边背水列阵。赵军望见汉军这不留退路的阵形，腰都笑弯了。对于敌人的反应，韩信一副满不在乎的样子。他亲率主力，旗鼓鲜明地奔赴井陉口。赵军见汉军送上门来，随即大开营门，倾巢而出，与汉军战于一处。斗了一阵儿，韩信、张耳假装不敌，率领士卒撤向水边，与先头部队合为一军。赵军本来就没把韩信、张耳两人放在眼里，见对方如此不堪一击，随即追击而来。但汉军背靠绵蔓水，已没了退路，为了求生存，决定拼死一战，与赵军展开殊死搏斗，一时并不处于下风。

早先布置的两千骑兵，见赵营空壁而出，赶忙拥了进去，并将对方旗帜换为汉军的红旗。赵军主力无法战胜水边的汉军，正想抽身回营，却发现营中已经易帜。这样一来，赵军军心大乱，争相逃命，前线督战的赵国将领也完全失去了对军队的控制。趁此机会，韩信大破赵军，斩杀了成安君，并一举擒获赵王。

常山忠骨

唐代名臣颜杲卿也曾奋战于土门关，并留下了精忠抗敌的千古佳话。

颜杲卿是著名书法家颜真卿的从兄。天宝十四年（755 年），他在常山（治今河北省正定县）太守任上，是安禄山的下属[①]。同年十一月，安举兵反唐。十二月十二日，叛军攻陷东都洛阳。洛阳一失，叛军便会乘势西进，威胁潼关（在今陕西省潼关县东北港口镇）甚至首都长安。颜杲卿素有报国之志，见此情形，不禁心急如焚。但为了保存实力，以图后举，他表面上作出拥护叛乱的姿态，却秘密做了

① 《旧唐书》卷 187 下。

大量打击叛军的准备。时任平原（治今山东省德州市陵城区）太守的颜真卿也组成了平叛敢死队，并得到了治下豪门大族的拥护。他与从兄互通声气，准备一起搅乱叛军后方，使其无暇西顾。

经过与手下袁履谦等人的商议，颜杲卿决定率军攻打土门关，以截断叛军的后路。驻守土门的是叛将蒋钦凑、高邈两人所率领的五千兵马。此时，高邈受蒋钦凑的派遣，外出公干未回。颜杲卿就命人去土门，请蒋钦凑来郡里议事。十二月二十二日夜，颜杲卿摆宴招待蒋钦凑，蒋钦凑大呼好酒，连喝了几杯，不一会儿就醉了，袁履谦等人趁机将其铲除。

而此时，高邈正在返回土门的路上。颜杲卿得知后，就设计杀掉了高邈的随从，又以饮酒作乐为名把高邈骗至郡城，抓了起来。蒋钦凑、高邈两人，一人丧命，一人遭擒，土门关群龙无首，颜杲卿趁机控制了关城。

随后，他向河北诸郡县发出檄文，文中说朝廷将派大军三十万从土门关进入，剿灭叛军。当时，河北地区刚刚归附安禄山，但人心不稳，很多人打心眼儿里不认同叛乱，而是心向朝廷。一听说土门大开，唐军将东进平叛，包括平原郡在内的河北众多郡县都杀了驻守叛将，宣布重归朝廷领导。

这一天，安禄山率领部队西行，马上就要进入关中。他骑着高头大马，不可一世，心里做着陷长安、登龙廷的美梦。这时，后方突然来报，说河北生变，众郡县降而复叛。安禄山大惊失色，像被浇了一盆冷水一样。他急忙掉转马头，命部下史思明等人东进北上。

天宝十五年（756 年）正月，史思明抵达常山郡，开始攻城。颜杲卿兵少，寡不敌众。当月八日，城陷。颜杲卿、袁履谦被俘，并被送到洛阳。不久，河北众多郡县得而复失，土门关也再次为叛军所据。颜杲卿在洛阳大骂安禄山，后与袁履谦不屈而死，百姓无不为之流涕。

同年二月，唐朝将领李光弼、郭子仪攻陷土门，收复了常山郡。

宋人陈普有诗曰：

> 骊宫歌笑入青云，曾识常山有战尘。
> 忠骨已澌余发在，因人得见梦中身。
>
> ——《颜杲卿》[①]

诗中的“常山”代指常山太守颜杲卿。他不畏征尘，血洒洛阳，演绎了一首可歌可泣的英雄史诗。

① 《全宋诗》卷7。

蜀道之难，难于上青天
——蜀道与剑门关

蜀道难①

李　白

噫吁戏！危乎高哉！蜀道之难，难于上青天。蚕丛及鱼凫，开国何茫然！尔来四万八千岁，不与秦塞通人烟。西当太白有鸟道，可以横绝峨眉巅。地崩山摧壮士死，然后天梯石栈相钩连。上有六龙回日之高标，下有冲波逆折之回川。黄鹤之飞尚不得过，猿猱欲度愁攀援。青泥何盘盘！百步九折萦岩峦。扪参历井仰胁息，以手抚膺坐长叹。

问君西游何时还，畏途巉岩不可攀。但见悲鸟号古木，雄飞雌从绕林间。又闻子规啼夜月，愁空山。蜀道之难，难于上青天，使人听此凋朱颜。连峰去天不盈尺，枯松倒挂倚绝壁。飞湍瀑流争喧豗，砯崖转石万壑雷。其险也如此，嗟尔远道之人胡为乎来哉。

剑阁峥嵘而崔嵬，一夫当关，万夫莫开。所守或匪亲，化为狼与豺。朝避猛虎，夕避长蛇。磨牙吮血，杀人如麻。锦城虽云乐，不如早还家。蜀道之难，难于上青天，侧身西望长咨嗟。

---

① 《全唐诗》卷 162。

《蜀道难》是乐府曲调名。蜀人（关于“蜀”的含义，见《两岸猿声啼不住，轻舟已过万重山——李白的轻舟快意》）见到惊异之事，常以“噫吁戏”表示感叹，诗人借用于此，是为了引出下面的“危乎高哉”。接着，诗人交代了古蜀国开国前的历史，“蚕丛”“鱼凫”都是蜀王的先人。“不与秦塞通人烟”是说“四万八千岁”以来，秦（今陕西省及周边地区）、蜀两地的人们没有任何往来。“太白”是太白山，在凤翔府郿县（治今陕西省眉县）东南50里处。“峨眉”即今峨眉山。首句至此都在描写蜀道难行，蜀山高峻。“地崩山摧壮士死”出自一个典故：秦惠王听说蜀王好色，就送给他五个美貌的姑娘。蜀王派五位壮士去秦国迎接。回来的路上经过梓潼（治今四川省梓潼县），他们见到一条大蛇钻进了山洞，其中一位壮士抓住了它的尾巴，想把它拽出来，但蛇的力气很大，一时难以得手。于是，其他四人也上前相助，他们一边整齐地喊着鼓劲的口号一边用力拽蛇。这时突然山崩地裂，五位壮士及随行的五个姑娘都被压在了山下，山也被分成了五座山岭。“石栈”即天梯，是两山之间凿崖架木而成的道路。这两句引用神话，歌颂古代劳动人民开辟蜀道的功绩。“六龙回日”也来自传说，神话人物羲和每天驾着由六条龙拉的太阳车活动。“高标”是蜀山中可做一方标志的最高峰。原来，即便是羲和，遇到高标，也要掉转方向，从来路返回。“回川”是有旋涡的河流。“猱”是蜀地深山中最善于攀缘的猿猴。这是暗指蜀山的高峻险要。“青泥”即青泥岭，在兴州长举县（治今陕西省略阳县西北白水江镇长峰村北）西北53里处，是秦地入蜀的要道，以多云雨、泥泞不堪而得名。“盘盘”是曲折的样子。“九折”是虚写，说明转折之多。“萦”是环绕的意思，这是说青泥岭的山道非常曲折，行百步就要转九个弯。“参”及“井”都是星宿的“分野”，古人根据地上的区域来划分天上的星宿，把天上的星宿分别对应于地上的某个区域，这就是分野。其中“参”为蜀地的分野，“井”为秦地的分野。上面讲的青泥岭是自秦入蜀之路，所以这里相应地提到了它们的分野。所谓“扪参历井”是极言青泥岭的高峻，站在山巅的人可以用手触碰天空。“胁息”是屏住呼吸的意思。“膺”是指胸。这几句是说，青泥岭山势高峻，举手似乎可以摸到天上的星辰，使人仰首屏气不敢呼吸，只好坐下抚胸长叹。

“君”指入蜀避难的唐玄宗李隆基。安史之乱爆发后，唐军一败涂地，安禄山直逼首都长安，玄宗只好赴蜀躲避。蜀地在长安的西南，所以说“西游”。“巉岩”是指高峻的山峰。“号”，大声啼叫。“子规”即杜鹃，蜀地这种鸟很多。“连峰”是指连绵的山峰。“湍”是指激流。“喧豗”是指水流相撞击的轰响声。“砯”是指水拍打岩石的声音。这几句的意思是，激流、瀑布相互冲击及水流撞击岩石的声音，好似万壑惊雷。“远道之人”同上面的“君”一样，都是指避难蜀地的唐玄宗李隆基。“胡为”是为什么的意思。上面讲的都是玄宗自蜀道南下的所见所闻，所以这里诗人发问，这么危险的地方，您大老远地跑来干什么呢？难道非要选这里避难吗？

“剑阁”即剑门关。“峥嵘”“崔嵬”都是高峻的意思。玄宗正是通过蜀道上的剑阁，到达“锦城”的。“或”是假如的意思。“匪”通“非”。“吮”，用口吸。这几句还是写蜀地的危险。“锦城”治今四川省成都市。“西望”与上面的“西游”同意。“咨嗟”是叹息的意思。

总体来看，诗人希望玄宗充分注意到蜀地的危险，早日回到长安。后来玄宗真的回到了长安，而且归途中又经过了剑门关。他即兴作诗曰：

剑阁横云峻，銮舆出狩回。
翠屏千仞合，丹嶂五丁开。
灌木萦旗转，仙云拂马来。
乘时方在德，嗟尔勒铭才。

——《幸蜀西至剑门》[1]

① 《全唐诗》卷3。

剑门关与魏蜀争战

剑门关，位于今四川省剑阁县，是蜀道要隘，历来为兵家所重视。三国时期，魏、蜀两国曾在此地发生过激战，而魏军自阴平小道偷袭成都的故事最为著名。

三国中，蜀国弱小。诸葛亮在世时，采取以攻为守的策略，五出祁山，在军事上与魏国取得均势。诸葛亮死后，其继任者姜维继续用兵魏国，但都无功而返。随着国势的衰落，蜀军渐渐转为守势。而魏国内部也发生了变化，曹氏政权大权旁落，司马氏家族成为实际统治者。

景元四年（263 年）秋，魏军分兵几路南下[①]。大将邓艾与雍州（治今陕西省西安市西北）刺史诸葛绪等人将姜维困在陇西，使其不能回军救援。另一魏将钟会则率魏军主力攻打汉中，此地防守较为薄弱，蜀军稍做抵抗即败下阵来，汉中为魏军所有。姜维费尽心机，终于摆脱邓艾等军的纠缠，带领蜀军主力火速回到剑门关内，紧闭关门，以防魏军进一步深入。

很快，钟会所率的魏军主力到达剑门关外。蜀军凭借地利，多次打退其进攻。此时，邓艾也抵达了剑阁。他对钟会说，“敌人败回蜀地，这正是一鼓作气，将其消灭的好机会。我知道一条阴平小道，从那里可以到达蜀国的涪县（治今四川省绵阳市涪江东岸）。这条路虽然艰险，但若能成功，可直捣敌人腹地。如此一来，姜维必然回师救援。剑门守军赴涪，我军即可乘虚攻下关城。如果姜维不分兵相救，蜀国又没有其他生力军可以调遣，成都（治今四川省成都市）也就危险了。兵书上说：‘攻其不备，出其不意。’如今蜀军主力在此，其内部却很空虚，咱们这次一定能大破对手，灭亡蜀国。”

① 《三国志》卷 28。

于是，邓艾亲自率军自阴平道进入无人之地，行军七百余里。他们一路上凿山搭桥、风餐露宿。蜀地山高谷深，他们还时时面临着生命危险。而且，运输颇为不便，到后来他们几乎要断粮了。好在此时他们已经到达江油（治今四川省平武县东南江油关镇）。邓艾身裹毡毯，翻滚下山。他的手下将士也借助崖壁和树木，一步步下到平地。

待所有人都下山后，邓艾命全军稍作休整，就向江油进发。蜀国守将马邈是个庸才，加之承平日久，根本没有防备。魏军突然来袭，仿佛神兵天降，马邈只好束手就擒。很快，邓艾又率军攻下了涪县，直抵成都北面的重镇绵竹（治今四川省德阳市北黄许镇）。此时，在绵竹等待邓艾的是诸葛亮的儿子诸葛瞻。邓艾派将领司马师纂及儿子邓忠分别从左、右冲击蜀军，但很快败退。两人对邓艾说："蜀军太厉害，咱们恐怕不是人家的对手。"邓艾见出师不利，心中已很懊恼。听两人又净说些长别人志气的话，他不禁大怒道："现在是生死存亡的时刻，你们还敢打退堂鼓？现在没有退路，我们必须打败敌人，占领绵竹！"然后，邓艾又作出了要将两人斩首的姿态。邓忠与司马师纂只好再去挑战，力图戴罪立功。没有退路的两人完全豁出了性命，这种气势也感染了手下将士。他们抱着必死的决心杀奔敌阵，大获全胜。诸葛瞻英勇殉国，绵竹为魏军所占。

邓艾乘胜进至雒县（治今四川省广汉市），离成都只有咫尺之遥。蜀主刘禅见大势已去，只好投降，蜀国就此灭亡。南宋大诗人陆游曾作诗《剑门城北回望剑关诸峰青入云汉，感蜀亡事慨然有赋》[①]咏叹此事：

自昔英雄有屈信，危机变化亦逡巡。
阴平穷寇非难御，如此江山坐付人。

① 《全宋诗》卷30。

在诗人眼中，从阴平道上下来的邓艾不过是穷寇而已，不难对付，但就是这样的敌人，蜀国都对付不了，导致“江山坐付人”。诗人的痛惜之情显而易见。然而，三国归一是历史大势，后人的思绪不过是这一过程的一个注脚。

二十四桥明月夜，玉人何处教吹箫
——风流杜牧

寄扬州韩绰判官[①]

杜　牧

青山隐隐水迢迢，秋尽江南草木凋。
二十四桥明月夜，玉人何处教吹箫。

杜牧，字牧之，是唐朝名臣杜佑的孙子。他少年及第，自诩负有经天纬地之才，为宰相李德裕所赏识[②]。他曾作《罪言》《战论》《守论》等文[③]，在朝廷与藩镇关系以及朝廷对待藩镇策略等方面多有创见。但杜牧放浪形骸、恃才傲物，仕途上一直不得意。唐大和七年至大和九年（833—835年），他曾在牛僧孺淮南节度使（驻所在今扬州市东北）幕府任职，韩绰也在幕中为官。此诗是杜牧于大和九年离开扬州赴长安担任监察御史后的作品。

"隐隐""迢迢""草木凋"，诗中的秋色一派肃杀，映衬了诗人灰

① 《全唐诗》卷523。

② 《旧唐书》卷147，《新唐书》卷166。

③ 参见《杜牧集系年校注》第二册，中华书局2008年版，第633—660页。

暗的心情。扬州在长江北岸，所以“江南”是泛指。关于“二十四桥”，历史上有两种说法：一种认为，唐朝时扬州有二十四座桥，诗中是合称。另一种则认为，二十四桥是一座桥的名字，又名“红药桥”，曾有二十四位美女在桥上吹箫，所以得名。“玉人”则来自一个典故：春秋时期一个名叫萧史的人爱吹箫，秦穆公有个唤作弄玉的女儿爱慕他，于是两人结为夫妇。此后，萧史每天教弄玉吹箫。大概在杜牧的扬州岁月里，也常有这样明月注目下的浪漫情事吧。

宋人姜夔曾将杜牧的诗化用，填成了一首词，也流传甚广：

淮左名都，竹西佳处，解鞍少驻初程。过春风十里，尽荠麦青青。自胡马窥江去后，废池乔木，犹厌言兵。渐黄昏，清角吹寒，都在空城。

杜郎俊赏，算而今、重到须惊。纵豆蔻词工，青楼梦好，难赋深情。二十四桥仍在，波心荡、冷月无声。念桥边红药，年年知为谁生。

——《扬州慢》[①]

扬州梦

杜牧曾为自己的扬州生活作过总结：

落魄江南载酒行，楚腰肠断掌中轻。

十年一觉扬州梦，赢得青楼薄幸名。

——《遣怀》[②]

“载酒”“楚腰”“青楼”，这些意象无不反映了杜牧的放荡不羁。其中“楚腰”出自楚灵王爱细腰的典故，而后面的“掌中轻”说的是汉成帝皇后赵飞燕，她能在掌中起舞。有人曾对“十年一觉”提

① 《全宋词》卷284。

② 《全唐诗》卷524。

出质疑，因为有的版本作“三年”，考虑到杜牧于大和七年至大和九年（833—835 年）在扬州，刚好三年，此处恐怕应改为“三年”。诗的最后一句点出了诗人的无助和困惑，我的扬州岁月到底有什么意义呢？难道只得到了青楼女子对我负心薄幸的恶评？

这首诗反映了杜牧在扬州期间的生活。他多次出入声色场所，但长官牛僧孺出于爱才之意，不加点破，反而派人暗中保护。后来在他离开扬州之际，牛僧孺曾温言相劝：“您在扬州这些年，我常为您的私生活感到担心，希望您能控制自我，以防影响健康。”杜牧信口胡诌道：“我一向很检点，就不劳您牵挂啦。”牛僧孺只是笑了笑，随即命人取来一个小竹箱，里面装着他的手下对杜牧行踪的密报。杜牧本来自作聪明，以为可以瞒过牛僧孺，没想到被当面戳穿，顿时感到很羞愧。但牛僧孺为之保守秘密的做法也最大限度地顾全了他的面子，因此他甚是感激①。

从杜牧的诗中不难看出，他的“扬州梦”很是“甜美”。

炀帝雷塘土，迷藏有旧楼。
谁家唱水调，明月满扬州。
骏马宜闲出，千金好旧游。
喧阗醉年少，半脱紫茸裘。

——《扬州三首》②之一

隋炀帝为宇文化及所杀，初葬于吴公台（在今扬州市西北 4 里），唐武德五年（622 年）改葬于雷塘（在今扬州市北 10 里）。“旧楼”，即迷楼。隋炀帝建新宫于扬州，他亲自来视察落成的情况，说道：“我这宫殿就算是神仙来了，也会迷路的。”迷楼因此得名。“水调”

① [宋]李昉等编：《太平广记》，妇人四，卷 273，第 6 册，中华书局 1986 年版，第 2150—2152 页。

② 《全唐诗》卷 522。

是一种隋炀帝自创的曲调。有人闻听后说："但有去声，而无回韵。"后来隋炀帝真的没有回到长安，而是死在了扬州。

诗人借隋炀帝引出自己眼下的快活。"明月"与扬州关系甚密，试看唐人徐凝的《忆扬州》[①]："萧娘脸下难胜泪，桃叶眉头易得愁。天下三分明月夜，二分无赖是扬州。"

如果说全天下的月光有三分，那扬州的月亮就占了二分。古人谓月亮为"太阴"，所以这里表面上在写月亮，实则通过月亮来表现扬州这座城市的妩媚。或者说，在徐凝、杜牧等人眼中，扬州集中了天下的阴柔之美。

胯下骏马、一掷千金，这些都是杜牧扬州生活的真实写照，"喧阗醉年少，半脱紫茸裘"更是将诗人的神态全盘托出。试想一下，有谁能穿得起"紫茸裘"呢？杜牧的豪奢极欲可见一斑。

娉娉袅袅十三余，豆蔻梢头二月初。
春风十里扬州路，卷上珠帘总不如。

——《赠别》[②]二首之一

《扬州三首》之一描写了杜牧在扬州的悠闲日子，而这一首则是诗人的爱情笔记。此诗写于杜牧离开扬州之前，他对爱人依依不舍，所以作了这首诗。"娉娉袅袅"是对爱人婀娜体态的描写，二月初正是豆蔻含苞待放的时节，可见这个女孩正值妙龄。前两句为直观感受，后面则是对比。诗人如沐春风，走遍了扬州城，卷起所有歌楼的珠帘，去看那里的姑娘，发现她们没有谁能比得上自己的爱人。杜牧的"春风十里扬州路"走得有些不舍，有些酸楚，但也走得潇洒。

① 《全唐诗》卷474。

② 《全唐诗》卷523。

杜牧的痛苦

不过总有梦醒的一天。从《遣怀》一诗看，他的情感集中于“落魄”二字，即事业上的不得志。杜牧还有另一首《遣怀》[①]：

道泰时还泰，时来命不来。
何当离城市，高卧博山隈。

“时来命不来”，表达了诗人深深的无奈。杜佑有三个儿子，分别是杜师损、杜式方、杜从郁，后两人分别是杜悰、杜牧的父亲。后来从兄杜悰平步青云，比杜牧“命好”许多，他先是当上了宪宗的驸马爷，后多次出任地方大员，并最终爵至国公，位封宰相。然而，此人没有什么大的才能，只是“甘食窃位”而已。同样出身显贵，才干更是超过从兄不少，却无法升迁，杜牧常因此而烦恼。

于是，眠花宿柳成了他排解心中不满的一种方式，结果是“赢得青楼薄幸名”。其实，唐朝诗人普遍有“狎妓冶游”的不良嗜好，如李白、元稹，这是那个时代的社会风潮，应引起我们的注意。

不避嫌的监察官

大和九年（835年），杜牧调任监察御史，分司东都洛阳（即河南府治所，详见《两岸猿声啼不住，轻舟已过万重山——李白的轻舟快意》）。当地有位李司徒，他家里蓄养了大批歌伎，为当时之最，名士纷纷前往拜谒此人。一次，他在家中大摆宴席，款待上流人物，由于杜牧是监察官，所以没敢邀请。杜牧知道后，就派人转告李司徒，

① 《全唐诗》卷524。

说我杜牧愿意去参加这个活动。李司徒没办法，只好送去了请帖。

杜牧到的时候，已经开宴了。现场高朋满座，还有数百“绝艺殊色”的歌伎。杜牧丝毫不避嫌，南面坐定后，倒满了三卮酒（“卮”是古代一种盛酒的器皿），然后问李司徒：“听说你家里有一位叫紫云的美女，请问是哪一位？”李司徒指向其中的一位女子，杜牧顺着他的指示朝紫云看了半天，说：“果然是名不虚传，就请您把她送给我吧。”此言一出，李司徒俯身而笑，在场的其他歌伎亦转头而开颜[①]。

杜牧丝毫不以为意，而是自斟自饮起来，三爵过后（“爵”是古代一种饮酒的容器），他即兴作诗：

华堂今日绮筵开，谁唤分司御史来？
偶发狂言惊满坐，三重粉面一时回。

——《兵部尚书席上作》[②]

杜牧的率真、豪放大抵如此，让人觉得亲切、可爱。但以监察官的身份出入这种场合，无论如何都不合时宜。

失落的契约

唐开成二年（837年），杜牧在宣州（治今安徽省宣城市宣州区）幕府任职。一次，他到邻近的湖州（治今浙江省湖州市）游玩。当时全城百姓都在观看水嬉。他在人群中发现，一位妇女带着一个十四五岁的女孩儿。杜牧立刻被这女孩儿的美貌所打动，便邀请两人前来相见。原来这妇女是女孩儿的母亲，杜牧当即送给对方高额礼金，约定十年后来迎娶对方。如果十年后没有来，任凭对方自作决

① ［唐］孟棨：《本事诗·高逸第三》。
② 《全唐诗》卷525。

断。可之后的十年，杜牧始终没有机会去湖州。直到大中四年（850年），他获任湖州刺史，才见到了当年的母女两人，但那时这个美貌的女孩儿早已嫁为人妻。

杜牧感到很失落，于是问她的母亲："咱们不是说好了吗？你为什么不等我呢？"对方回答说："咱们说的是十年，这都十四年了，是您失约了啊。"为此，杜牧作了一首诗：

自是寻春去校迟，不须惆怅怨芳时。
狂风落尽深红色，绿叶成阴子满枝。

——《怅诗》[①]

诗中有惋惜、无奈，但更多的是自责。"寻春"不及，这不能怨旁人。诗人说"不须惆怅"，实则惆怅满怀。这首诗不过是聊以自慰罢了。

① 《全唐诗》卷 527。

井命复书书卷内，千秋忠迹表维扬
——史可法抗清

题史可法像①

乾隆帝

纪文已识一篇笃，予谥仍留两字芳。
凡此无非励臣节，监兹可不慎君纲。
象斯睹矣牍斯抚，月与霁而风与光。
井命复书书卷内，千秋忠迹表维扬。

清乾隆年间（1736—1795年），清廷在扬州（治今江苏省扬州市）为南明抗清英雄史可法建立了祠堂，名为“史公祠”（在今扬州市区梅岭畔）。乾隆帝为了颂扬他的忠义，作了上面的诗。

诗中说，立祠堂的目的是砥砺当朝大臣，使他们时刻注重自身的节操。乾隆帝同时也有自警之意，所谓“君为臣纲”，他想做好广大臣民之“纲”。另外，就是借此昭示后人，时刻以史可法为榜样。维扬是扬州的别称。所谓“千秋忠迹表维扬”，就是这个意思。

① 《文渊阁四库全书》别集类《清代御制诗集·四集》卷43。

史可法其人

史可法，字宪之，生于明朝末年。他奉命率兵保卫扬州，城破被俘，慷慨就义，是中国古代史上“威武不能屈”的杰出代表之一。

关于史可法的出生，《明史·史可法列传》中有一段颇具传奇色彩的描述[①]。他的母亲尹氏婚后有了身孕，一天梦到南宋名臣文天祥进了她家，于是生下了史可法。这与常见的五彩祥云、香气盈室等名人降生的说法属于一类，即符应说。但《史可法列传》又比前两种更高明，因为无论是祥云还是香气，都只带有某种暗示性质。史可法的出生却分明与文天祥相关联，这就更确切地指明了他的人生道路，从而也暗示了他的结局。

明崇祯元年（1628 年），史可法中进士，从此走上仕途。他履历丰富，在中央、地方都曾担任过重要官职。崇祯十七年（1644 年），李自成攻陷京师（今北京市），崇祯吊死煤山（今北京故宫神武门北景山公园内景山），明朝灭亡。

拥潞失败

明朝初建，都城定在南京（治今江苏省南京市），后明成祖朱棣将之迁往北京，南京成为陪都，而原来的各中央政府机构都保留了下来，但没有实权。明亡之际，史可法正在南京任兵部尚书。北京的失陷使南京重新成为明朝的政治中心，史可法走上了历史的“前台”。

当时，朝廷第一要务是立新君以稳定人心。当时，藩王中福王朱由崧和潞王朱常淓都有可能继承皇位，于是，朝臣中出现了“立福”和“立潞”之争。福王是明神宗的孙子，从血缘上讲，应被立为皇

① 《明史》卷 274。

帝。但万历年间（1573—1619年），福王的父亲老福王朱常洵曾参与太子之位的争夺。在南京的朝臣中当年多有与之有牵连者，他们怕福王即位后会追究旧事，对自己不利。但若拥立潞王，则不用为此担心，还可借机邀功[①]。另外，福王较庸碌，而潞王则有贤王之名。当时，史可法是“立潞派”的代表人物，前礼部侍郎钱谦益及右都御史张慎言也都表示赞成。

当时，凤阳（治今安徽省凤阳县）总督马士英是地方军阀中的实力派，手中握有重兵。史可法为了使自己的主张获得中央、地方的全面支持，以福王“贪、淫、酗酒、不孝、虐下、不读书、干预有司”七不可立去游说马士英。马假意赞同，但暗地里却投靠福王，并加紧了立福的步骤。史可法未能明察，轻信了马的说辞。

正当史可法与张慎言等人准备拥立潞王到南京称帝时，马士英在军队的支持下，护送福王朱由崧先一步到达南京。面对这一突发情况，史可法方寸大乱，但已无力回天，不得不接受了这一事实。

混乱的南明军队

福王先称“监国”，后很快当上了皇帝，定年号为“弘光”[②]。史可法深孚众望，因此进入核心决策层，掌握着朝政大权，而马士英则仍是凤阳总督，这引起了他的强烈不满。当时，南明的主要军事力量，有长江上中游的左良玉一部及江淮之间的黄得功、高杰、刘泽清、刘良佐四部。马士英正是在这江淮四部的支持下，拥兵进入南京，使福王当上了皇帝。这次，马士英想再次借重军事力量，取代史可法。他亲自带兵入朝，并将史可法“七不可立”的态度告知朱由崧。于是，弘光帝开始倚重马士英而疏远史可法。在皇帝的支持下，马士英迅速进入决策层，将江淮四部改为“江北四镇”。“有四镇不可无督

① 《明史》卷308。

② 《国榷》卷101。

师”，马士英力主史可法赴扬州任督师一职，以领导四镇。实际是要将史可法排挤出朝廷。史可法不得已离开南京，赴扬州任督师。

但四镇骄横跋扈惯了，史可法难以统驭。清人张文虎有诗《缦老得旧牙章，文曰“督师辅臣史可法章”，约同人共赋》[①]。在诗中，他回顾了这段历史：

碧血丹心焕大名，词人怀古首同倾。
一隅孤立空衔在，四镇纷驰将令轻。
龙种清狂非日角，鸿沟飞渡况天兵。
莫将成败凭苛论，此亦文山玉带生。

诗人说史可法“碧血丹心”，却“一隅孤立”，只有督师的空衔。四镇也不听他的话，所以他的将令得不到有效贯彻。

四镇与驻地士绅百姓、四镇之间的矛盾、冲突亦复不少。以前者为例，史可法未到扬州时，四镇皆想将该地据为己有，高杰尤甚。他率所部到达扬州，准备进城。面对缺乏约束的骄兵悍将，当地百姓非常畏惧，自发登城死守。高杰随即率军攻城，并围困扬州城长达一个多月。局面一时无法收拾，史可法只好亲赴高杰处斡旋。他许诺将瓜洲（见《虎啸猿啼万壑哀，北风吹雨过山来——仙霞关与仙霞道》）交给高杰，以换取其撤军。高杰所部撤退后，史可法才得以进驻扬州。由此可见南明军队混乱之一斑。

左良玉东伐

上文谈到，左良玉一部是南明镇守长江上中游的重要军事力量。崇祯自杀后，左部失去了上级领导，暂时成了一支独立的军队。福王

① 《清诗汇》卷148。

监国后，向左良玉发去了诏书，希望获得他的拥戴。但左良玉对于南京政权是有疑虑的，起初甚至不愿承认其合法性。于是他派手下一个叫黄澍的官员以入贡为名赶赴南京，想借此窥探朝廷的虚实。

黄澍到南京后，大肆攻击马士英为奸臣，对此弘光帝一度深以为然，使得马士英官位不保。危急之下，马士英向原福王身边的宦官田成、张执中行贿，田、张二人为马士英说了不少好话，马士英方转危为安。此后，马士英、黄澍两人相互攻讦，矛盾日趋白热化。由于黄澍是左良玉派到南京的，马士英、左良玉两人遂势同水火，为后来的左良玉东伐埋下了祸根。

正当南明朝廷内部斗得不可开交时，清军已在陕西大败李自成的农民军，矛头直指偏安于东南的弘光政权。但小朝廷内部却对形势做了错误的判断，以马士英为代表的一些人认为，清军打败李自成，为大明报了国仇家恨，因此想联合清军铲除已经在走下坡路的大顺军。此时主要的三股军事力量中，清廷势力最大，南京小朝廷要想继续存在，应努力联合大顺以抗衡清军。但错误的形势判断让这种可能化为乌有，弘光政权正面临着灭顶之灾。

史可法曾想趁清军与大顺军激战时，北上收复失地。但四镇不配合[①]，朝中又有马士英掣肘。马士英怕史可法通过北伐扩大自身实力，因此极力反对其兴兵北上。弘光朝廷失去了较为有利的战略机遇，清军在打败李自成后，迅速西进南下，为攻打南京做准备。

李自成败于陕西后，率领残军向湖广（大致相当于今湖南、湖北两省）进发，对左良玉部队造成不小的压力。另外，左良玉、马士英矛盾尖锐，左良玉就以“清君侧”为名，挥师东进，对南京造成切实的威胁。在这种情况下，小朝廷内部分为两派，史可法认为左部西来属于内部矛盾，而且左良玉并非以灭亡朝廷为目标，对付左部不是燃眉之急，应将注意力放在正在南下的清军上。马士英从自身利益出发，坚称左良玉的威胁更大，应该先打退左军，而清军不足惧，通过

① 《明史》卷273。

谈判完全可以解除其军事威胁。

由于马士英握有实权，因此他的意见占了上风。江北的大量部队都被调往西线，这样江淮之间甚为空虚，清军得以长驱而入，直抵扬州城下。

史可法之死

经过左良玉、马士英的内耗后，扬州守军极为单薄。清军用红夷大炮轰击城墙，威力巨大，城墙损坏处都来不及修缮[①]。清军统帅多铎命人到城下向史可法传话："您的忠义天下皆知，您却不受南京小朝廷的重用。为这么一个没出息的政权卖命，就算牺牲了又有什么意义呢？"史可法命人用箭射击劝降者，表明自己必死的决心。多铎不死心，又命人持劝降书到城中，史可法根本不看书信，直接将来人和信投入水中。

本来多铎想生擒史可法，所以起初攻城力度不大。当他看到对方态度坚决，随即抓紧攻城。不久城墙西北角被摧毁，但守兵仍拼死奋战，清军一时攻不进去。随着战事的推进，城下渐渐形成了死尸堆，清军就踩在上面向城里进攻，扬州城终于没能守住，被攻陷了。史可法想组织部下与清军展开巷战，但守兵都被打散了。手下劝他从北门突围，以图后举，他不听，要拔刀自刎，被部下庄子固、许瑾拉住。另一部下龚仕杰以二十七骑保护他下城，却未能突围出去。史可法见状，大声呼喊道："我就是史可法！"于是被擒。多铎见到他后，仍然想说服他加入清廷。他说："我是天朝大臣，怎么能偷生，当万世罪人呢？我头可断，身不可屈！"于是他英勇就义，时年 42 岁。

① 《南明史》卷 29，中华书局 2006 年版。

骊宫高处入青云，仙乐风飘处处闻
——唐明皇与杨贵妃的华清宫

长恨歌[①]

白居易

汉皇重色思倾国，御宇多年求不得。杨家有女初长成，养在深闺人未识。天生丽质难自弃，一朝选在君王侧。回眸一笑百媚生，六宫粉黛无颜色。春寒赐浴华清池，温泉水滑洗凝脂。侍儿扶起娇无力，始是新承恩泽时。云鬓花颜金步摇，芙蓉帐暖度春宵。春宵苦短日高起，从此君王不早朝。承欢侍宴无闲暇，春从春游夜专夜。后宫佳丽三千人，三千宠爱在一身。金屋妆成娇侍夜，玉楼宴罢醉和春。姊妹弟兄皆列土，可怜光彩生门户。遂令天下父母心，不重生男重生女。骊宫高处入青云，仙乐风飘处处闻。缓歌慢舞凝丝竹，尽日君王看不足。渔阳鼙鼓动地来，惊破霓裳羽衣曲。

九重城阙烟尘生，千乘万骑西南行。翠华摇摇行复止，西出都门百余里。六军不发无奈何，宛转蛾眉马前死。花钿委地无人收，翠翘金雀玉搔头。君王掩面救不得，回看血泪相和流。黄埃散漫风萧索，云栈萦纡登剑阁。峨嵋山下少人行，旌旗无光日色薄。蜀江水碧蜀山青，圣主

① 《全唐诗》卷435。

朝朝暮暮情。行宫见月伤心色，夜雨闻铃肠断声。

天旋日转回龙驭，到此踌躇不能去。马嵬坡下泥土中，不见玉颜空死处。君臣相顾尽沾衣，东望都门信马归。归来池苑皆依旧，太液芙蓉未央柳。芙蓉如面柳如眉，对此如何不泪垂。春风桃李花开夜，秋雨梧桐叶落时。西宫南苑多秋草，宫叶满阶红不扫。梨园弟子白发新，椒房阿监青娥老。夕殿萤飞思悄然，孤灯挑尽未成眠。迟迟钟鼓初长夜，耿耿星河欲曙天。鸳鸯瓦冷霜华重，翡翠衾寒谁与共。悠悠生死别经年，魂魄不曾来入梦。

临邛道士鸿都客，能以精诚致魂魄。为感君王展转思，遂教方士殷勤觅。排空驭气奔如电，升天入地求之遍。上穷碧落下黄泉，两处茫茫皆不见。忽闻海上有仙山，山在虚无缥缈间。楼阁玲珑五云起，其中绰约多仙子。中有一人字太真，雪肤花貌参差是。金阙西厢叩玉扃，转教小玉报双成。闻道汉家天子使，九华帐里梦魂惊。揽衣推枕起裴回，珠箔银屏逦迤开。云鬓半偏新睡觉，花冠不整下堂来。风吹仙袂飘飖举，犹似霓裳羽衣舞。玉容寂寞泪阑干，梨花一枝春带雨。含情凝睇谢君王，一别音容两渺茫。昭阳殿里恩爱绝，蓬莱宫中日月长。回头下望人寰处，不见长安见尘雾。唯将旧物表深情，钿合金钗寄将去。钗留一股合一扇，钗擘黄金合分钿。但教心似金钿坚，天上人间会相见。临别殷勤重寄词，词中有誓两心知。七月七日长生殿，夜半无人私语时。在天愿作比翼鸟，在地愿为连理枝。天长地久有时尽，此恨绵绵无绝期。

“此恨绵绵无绝期”，可谓中国古代恋爱故事中的精髓。后来有很多人将它文学化，其中最成功的首推白居易的《长恨歌》。重色的“汉皇”即汉武帝，这里指唐明皇李隆基。“倾国”来自汉朝的一首歌：“北方有佳人，绝世而独立。一顾倾人城，再顾倾人国。宁不知倾城与倾国，佳人难再得。”

后世就以“倾城倾国”描述美貌的女子，杨玉环天生丽质，恰在此类。

关于华清宫

“骊宫”是建于骊山的华清宫（在今陕西省西安市临潼区骊山北麓），以温泉出名，它曾是李隆基与杨玉环常年游玩之所。早在秦朝，秦始皇就已在这里盖了离宫别馆，对温泉加以利用，取名温泉宫。汉武帝继续扩建。到唐明皇时，他开始大规模地营建此宫，并在唐天宝六年（747 年）改名为华清宫。每年到了十月份，天气渐渐转凉，唐明皇会带着杨贵妃赴温泉宫（华清宫）避寒，有几次甚至在山上过了年才回长安。

李隆基、杨玉环的暧昧关系

唐明皇李隆基与杨玉环的感情起于何时、何地？比较可靠的说法是唐开元二十八年（740 年）十月的温泉宫（当时尚未改名）。

开元十二年（724 年），李隆基废掉了自己的原配王皇后。从那时开始，武惠妃成了皇帝的新宠。十七年后，武氏离世。在感到哀痛的同时，李隆基的精神世界顿时空虚了起来。看着郁郁寡欢的主子，高力士等人开始为他物色武氏的继任者，并最终选定了杨玉环。李隆基对美艳不可方物的儿媳早有印象，首肯了高力士的提议。

当时，杨玉环是皇子寿王李瑁的王妃，与李隆基是公媳关系。在今天看来，公公要娶儿媳妇是匪夷所思、有悖伦常的事情。然而，伦理并没有成为李隆基得到杨玉环的阻碍。但这么做必然会损害寿王的利益，他会不会反抗？如果双方发生冲突，会不会引起朝野激变？在和高力士通盘考虑后，李隆基打消了这种担忧。

寿王是武惠妃的亲生子。武氏活着的时候，仗着自己得宠，经常欺负其他嫔妃。寿王在宫里也是一呼百应，种种迹象表明他将当上太子。但母亲离世后，寿王变得形单影只，在皇位争夺中处于下风，连李隆基也开始疏远他。在自顾不暇的情况下，他已无力将杨玉环留在身边。高力士正是看准了这一点。

开元二十八年十月，李隆基在温泉宫召见杨玉环，“奏《霓裳羽衣曲》以导之”。这首曲子为唐朝著名舞曲，是李隆基亲自创作的。他精通音律，将传统清商乐和印度《婆罗门曲》相融合，同时加入了自己的音乐风格。看来，作为音乐家的李隆基是很懂浪漫的。

从见面那天起，两人的感情开始慢慢发酵。到了天宝年间（742—755 年），杨玉环在《霓裳羽衣曲》的基础上编排出《霓裳羽衣舞》。至此，曲、舞合璧，演绎出古代音乐史上的一段佳话。由此可见，他们的爱情在一定程度上来自音乐——两人的共同爱好。

“音乐攻势”似乎还不够，于是有人说李隆基为了表达诚意，向杨玉环赠送了定情信物，也就是《长恨歌》中提到的“钿合金钗”。但也有人表示反对，认为这只是好事者的空想而已。

为了名正言顺地将杨玉环变为自己的女人，唐明皇决定“曲线救国”。他很快把杨玉环从王妃变为女道士，法号太真。然后在天宝四年（745 年）八月正式册封她为贵妃。此后，两人开始了在温泉宫耳鬓厮磨的日子。

奢华的温泉生活

温泉宫（华清宫）由专门的机构管理，每年十月李隆基驾临前后这里都很繁忙。古人以热水为“汤”，所以泡温泉的地方又被称为“汤池”。宫内外有各种汤池，且等级不一，最高等级为“御汤”，只有皇帝才能使用，其次有“贵妃汤”“太子汤”等。唐人王建的《温泉宫行》[1]就讲了这个问题：

① 《全唐诗》卷 298。

十月一日天子来，青绳御路无尘埃。
宫前内里汤各别，每个白玉芙蓉开。
朝元阁向山上起，城绕青山龙暖水。
夜开金殿看星河，宫女知更月明里。
武皇得仙王母去，山鸡昼鸣宫中树。
温泉决决出宫流，宫使年年修玉楼。
禁兵去尽无射猎，日西麋鹿登城头。
梨园弟子偷曲谱，头白人间教歌舞。

第二句中的“内里”即宫内。“白玉芙蓉”是汤池泉眼中以白玉雕琢的荷花。宫内外都有汤池，却不一样。当时，也有百姓在宫外泡温泉的情况，他们的汤池恐怕不一定有精雕细刻的白玉花纹，其等级差别是很明显的。

李隆基、杨玉环两人的奢华生活还不止于此。杜牧曾作诗曰：

长安回望绣成堆，山顶千门次第开。
一骑红尘妃子笑，无人知是荔枝来。
——《过华清宫绝句三首》[①]之一

“绣”为锦绣之意。骊山有东、西绣岭，开元、天宝年间山上花木繁盛，远望如锦绣成堆。首句是说从长安看华清宫，“乱花渐欲迷人眼”。“山顶千门”是描写华清宫的宏大，“次第开”则是为下面做铺垫。这些门为何开呢？原来是有人骑马上山，为杨贵妃送荔枝来了。杨贵妃生于蜀地，从小就爱吃荔枝。后来她得知南海（治今广东省广州市）产的新鲜荔枝味道更为鲜美，就派专人以快马接力送达骊山。

① 《全唐诗》卷521。

好景不再

然而，骊山的快活日子不久即为“渔阳鼙鼓”所破坏。曾经的忠臣安禄山反叛了。

叛军起兵后，一路势如破竹，直逼长安。眼看守不住了，唐明皇只好带着杨贵妃及众臣逃往成都（治今四川省成都市）。在军队的保护下，一行人抵达了一个叫马嵬驿（在今陕西省兴平市西）的地方。这时，六军突然哗变，一致要求处死杨贵妃。为了自己，唐明皇只好从权，牺牲了杨贵妃。

叛乱平息后，唐明皇回到长安。此时，大权已被儿子李亨夺取，杨贵妃也早已惨死，自己落得个孤苦伶仃的下场。诗人张继不无讽刺地写道：

天宝承平奈乐何，华清宫殿郁嵯峨。
朝元阁峻临秦岭，羯鼓楼高俯渭河。
玉树长飘云外曲，霓裳闲舞月中歌。
只今惟有温泉水，呜咽声中感慨多。

——《华清宫》[1]

“承平”即太平，这是总说安史之乱发生前的华清宫。“郁”是草木茂盛，“嵯峨”是山势峻拔，与“骊宫高处入青云”有异曲同工之妙。“朝元阁”“羯鼓楼”都是华清宫里的建筑，“秦岭”指骊山。“玉树”是乐曲名，即陈后主的《玉树后庭花》，他贪图享乐，终致亡国，因此这首曲子也被视为亡国之音。“霓裳”即《霓裳羽衣曲》。前三句都是渲染烈火烹油、鲜花着锦的天宝盛世，也暗指李隆基、杨玉环

① 《全唐诗》卷 242。

两人飘飘欲仙的糜烂生活。后句诗人笔锋突然一转，点出了物是人非的残酷——当年的唐明皇与杨贵妃早已化为尘土，只有华清宫的温泉还汩汩作响，仿佛在哭诉历史的无情。

红酥手，黄縢酒，满城春色宫墙柳
——悲情沈园

钗头凤·红酥手[①]

陆　游

红酥手，黄縢酒，满城春色宫墙柳。东风恶，欢情薄。一怀愁绪，几年离索。错！错！错！

春如旧，人空瘦，泪痕红浥鲛绡透。桃花落，闲池阁。山盟虽在，锦书难托。莫！莫！莫！

这首《钗头凤·红酥手》是词人的代表作之一，承载了他太多不堪回首的爱情记忆。这首词约作于南宋绍兴二十一年（1151 年）的某个春日，这年陆游 27 岁。一天，他与前妻唐婉相遇于山阴城（在今浙江省绍兴市）内的沈园（又名沈氏园，位于今绍兴市鲁讯中路 318 号），忆及往事，作了这首《钗头凤》。

沈园为南宋时一位沈姓富商的私家花园，故有“沈氏园”之名。该园初建成时规模很大，占地七十亩之多，是绍兴市著名的古代园林。

① 《全宋词》卷 224。

陆游、唐婉的悲剧婚姻

陆游20岁那年与表妹唐婉结婚，两人婚后如胶似漆、感情很好。但陆游的母亲不喜欢这个新媳妇，就一意孤行，在陆游、唐婉两人结婚三年后将她逐出陆家。陆母这种棒打鸳鸯的行为，造成了陆游、唐婉两人终其一生都难以抚去的伤痕。但无论如何，两人都要面对新的生活。后来，陆游新娶王氏为妻，而唐婉也改嫁士人赵士程。

数年后，陆游在沈园游玩，唐婉闻讯赶来，与他在园中相见，并以酒肴款待这位梦中人。陆游触景生情，悲愤不已，就在沈园壁上写下了这首千古佳作。

“红酥手”形容手的红润白嫩，这是特写再次相见时的唐婉。“黄縢酒”又名黄封酒，以黄纸、黄绢封口，因此得名。可以想见，唐婉手捧酒杯，为陆游敬酒，两人竟无语凝噎。分手之前，想必这种举案齐眉的情景一定常常上演吧。词人再次见到这双熟悉的手，再次尝到杯中香甜的酒，却没有丝毫的喜悦，有的只是无尽的苦涩和留恋。词人想让这一刻永远定格，这样曾经的爱人就不会远去，沈园之遇将成为永恒。“春色”道出了作词的时节。人们对“宫墙柳”的理解历来有争议，有人认为，山阴并非当时南宋的首都，怎么会有宫墙？但也有人从另外的角度作了解释，即将唐婉比作柳树，宫墙比作她另嫁这一事实。也就是说，唐婉是有夫之妇，词人再也不能和她在一起了。“东风”暗指陆母，正是她在中间搞破坏，才使得小夫妻劳燕分飞。从结婚到离婚，陆游、唐婉两人只在一起生活了三年，“欢情薄”正是这一事实的反映。“离索”是离别的意思，虽然几年来都没有见过面，可两人无时无刻不把对方放在心头，因此平添了“一怀愁绪”。

春天依旧，但词人的心情却远不如春光明媚。“浥”是打湿的意思。“鲛绡”是传说中美人鱼织成的丝绢，后来用来指代手帕。唐婉遭到此番打击，泪水涟涟，日渐消瘦。“山盟”即两人曾经立下永不分离的海誓山盟。“锦书”出自一个典故：晋朝人窦滔远行，他的妻子苏蕙在锦缎上织成了一首回文诗，寄托相思之情。后来人们就用“锦书”指代情书。最后的三个“莫”要和前文的三个“错”联系起来分析，古人称落寞的样子为“错莫”，词人在这里分开使用，更显出他为情所困的苦恼。

见此情景，唐婉也不禁悲从中来，马上和成另一首《钗头凤》[①]：

世情薄，人情恶，雨送黄昏花易落。晓风干，泪痕残。欲笺心事，独语斜阑。难！难！难！

人成各，今非昨，病魂尝似秋千索。角声寒，夜阑珊。怕人寻问，咽泪装欢。瞒！瞒！瞒！

“世情薄”“人情恶”是对“东风恶”的照应。“花易落”则回应了“桃花落”，联系下阕的“病魂尝似秋千索”，可知唐婉由于感情创伤已经病入膏肓。果然，沈园相遇后没过多久，她就去世了。“欲笺心事”与“锦书难托”有异曲同工之妙。两个苦情人咫尺天涯，想互诉衷肠却没有沟通的途径，也只好“独语斜阑”“咽泪装欢”了。现在两人终于见面，可一肚子的话却不知从何说起，于是含着泪，默默地看着对方，一切尽在不言中。唐婉这里用了三个“难”和三个“瞒”，可见她的心自始至终都没有离开过陆游，而自己再嫁后的生活显然是不幸福的。

唐婉被逐的原因

那么，陆母为何不喜欢唐婉呢？唐婉死后，陆游写过一首《夏夜舟中闻水鸟声甚哀，若曰姑恶，感而作诗》，我们可以从中找到一点儿线索：

① 《全宋词》卷 225。

女生藏深闺，未省窥墙藩。上车移所天，父母为它门。
妾身虽甚愚，亦知君姑尊。下床头鸡鸣，梳髻著襦裙。
堂上奉洒扫，厨中具盘餐。青青摘葵苋，恨不美熊蹯。
姑色少不怡，衣袂湿泪痕。所冀妾生男，庶几姑弄孙。
此志竟蹉跎，薄命来谗言。放弃不敢怨，所悲孤大恩。
古路傍陂泽，微雨鬼火昏。君听姑恶声，无乃遣妇魂？

古人口中的“姑”就是婆婆。从这首诗来看，唐婉过门后是很孝敬婆婆的。每天听到第一声鸡鸣，她就起床了。梳妆完毕，穿戴整齐，然后开始打扫厅堂，准备早餐。她总是努力地讨好陆母，希望得到她的喜爱，在陆家站稳脚跟。但即便是这样，也不能时时事事都合婆婆的意。所以，她有时发现陆母脸色难看，就知道自己大概做错了什么，于是感到莫大的压力，并因此而哭泣。由此可见，唐婉是个很敏感的女子，心理承受能力比较脆弱，但这并非她被逐出陆家的主要原因。唐婉始终没能为陆母生下孙子才是陆游、唐婉悲剧的导火线。陆母迟迟抱不上孙子，心里越来越急，这时又有人在她面前说了唐婉的坏话，于是她便动了驱逐唐婉的歪心思。

陆游魂系沈园

陆游直到晚年仍对原配念念不忘。唐婉去世四十年时，他已 75 岁高龄。当年春天，他再次来到沈园，并作诗曰：

城上斜阳画角哀，沈园非复旧池台。
伤心桥下春波绿，曾是惊鸿照影来。

——《沈园二首》[①] 之一

① 《全宋诗》卷 50。

“画角”是刻有花纹的号角。“惊鸿”来自曹植《洛神赋》，其中有“翩若惊鸿”之语，意思是翩翩然像鸿雁之惊。这里是形容女子体态轻盈，指的当然是沈园邂逅时唐婉的倩影。山阴城里斜阳暗淡，画角声声，好似哀鸣，仿佛此时踟蹰在沈园中诗人的心曲。故地重游，沈园已不是当年的样子，那个让诗人魂萦梦牵的女子也早已化为尘土。诗人驻足于沈园附近的春波桥，看着桥下碧水，更觉悲戚。这一泓绿波虽没能留住唐婉的美丽，但她的美却永远镌刻在诗人的心里。

梦断香消四十年，沈园柳老不吹绵。
此身行作稽山土，犹吊遗踪一泫然。
——《沈园二首》之二

唐婉死后，诗人的心仿佛也死了。所以“香消”是“梦断”的原因。“不吹绵”是说柳树衰老，所以起风之后没有柳絮吹下。“稽山”即会稽山，在今绍兴市南。诗人感到将不久于人世，快要入土了。“泫然”是水珠下滴的样子，这里是流泪的意思。可见，即便是自己如衰败的柳树一样，诗人心中仍放不下当年的“遗踪”。

六年后的一天夜里，他梦回沈园，后作诗《十二月二日夜梦游沈氏园亭》[①]其一：

路近城南已怕行，沈家园里更伤情。
香穿客袖梅花在，绿蘸寺桥春水生。

梦境中，诗人来到了山阴。他在城中行走，不由自主地来到了城南，但越走越不敢继续前行，因为前方不远处就是沈园了。每每回到这里，诗人都无限伤感。然而，诗人又发自内心地想去园中看看，似

① 《全宋诗》卷50。

乎这样可以无限接近那个美好的亡魂。这样复杂的矛盾在诗人的心中百转千回。园中梅花盛开，香满衣衫。走出沈园，诗人眼中全是绿色。“桥”是上面提到的春波桥，而“寺”是该桥附近的禹迹寺。不知梦中的诗人是喜是悲？

城南小陌又逢春，只见梅花不见人。
玉骨久成泉下土，墨痕犹锁壁间尘。
——《十二月二日夜梦游沈氏园亭》其二

其实从《十二月二日夜梦游沈氏园亭》其一就可以看出，诗人的梦境是在春天。所以这里说“又逢春”。此时，梅花依旧绚烂，但“玉骨”早已身处黄泉。剩下的只是留在沈园壁上的《钗头凤》的墨迹。那上面早已落满灰尘，仿佛在以此诉说这份爱的久远。

陆游享年85岁，上面两首诗写就时他已81岁高龄。也就是说，在生命的最后阶段，他对唐婉的思念并未减少，他仍为两个人如此相爱却不能在一起而痛心疾首。他对唐婉的款款深情，自他20岁成婚到85岁去世，历久弥新，成为中国古代爱情故事中的经典。

滕王高阁临江渚，珮玉鸣鸾罢歌舞

——江南三大名楼

滕王阁[①]

王 勃

滕王高阁临江渚，珮玉鸣鸾罢歌舞。
画栋朝飞南浦云，珠帘暮卷西山雨。
闲云潭影日悠悠，物换星移几度秋。
阁中帝子今何在，槛外长江空自流。

滕王阁，江南三大名楼之一。所谓“滕王”，是唐高祖李渊的第二十二个儿子李元婴。他曾被朝廷任命为洪州（治今江西省南昌市）都督。滕王阁就是他在任时修建的，因有其名。

王勃与滕王阁

《滕王阁》原附于《滕王阁序》之后，其性质类似于史书或碑记的赞或铭。首句中的“江”指赣江；“渚”是水中间的小块陆地；“珮

① 《全唐诗》卷 55。

玉”是古人佩戴在腰间的玉饰；“鸾”是刻有鸾鸟形状的铃铛。《礼记·玉藻》说：“君子在车则闻鸾和之声，行则鸣佩玉。”所以“珮玉鸣鸾”指人走车行。首句的意思是，赣江边高耸的滕王阁，总有宾客来来往往，好不热闹。“画栋”“珠帘”是描写滕王阁的辉煌壮观。这两句的意思是，早上南浦飞来的白云，轻抚着华丽的滕王阁，傍晚西山的风雨，吹卷着楼上珠饰的帘幕。诗人通过“闲云潭影”“物换星移”来抒发岁月不羁之情。末句中的“帝子”就是滕王，全句意在借今忆古。

其实，关于这首诗的创作，还有一个有趣的故事。王勃 14 岁这年路过洪州①。九月初九，当时的都督阎伯屿在滕王阁大摆宴席，招待宾客。阎伯屿有个女婿，文才不凡。为了夸耀女婿的才华，阎伯屿就让他精心准备了一篇应景之作，名为《滕王阁序》，要在宴会上向宾客们展示。

当天高朋满座，王勃也来赴宴。酒过三巡后，阎伯屿就让女婿把那篇文章拿出来给客人们看，并故作谦虚地说：“我这女婿才华平平，不过平时喜欢写点儿文章。各位，他这篇《滕王阁序》还看得过去吧？”

众宾客都是老江湖，明白阎都督的心思。还未等阎伯屿说完，他们就拍起了马屁。只听一个人说：“您过谦了。我若得此佳婿，则足慰平生啊。”又有一人说：“贤婿不愧为大才子，只有他才能写出如此佳作，我等何能望其项背啊？”总之，都是阿谀奉承之词，说得阎伯屿飘飘欲仙。

但阎都督再次以退为进。他说：“各位过奖了。但我想不能以小婿的文章作数。如果谁能现场作一篇更好的《滕王阁序》，小婿的文章自当叨陪末座。”

众宾客都不言语，等着阎伯屿顺水推舟。可没想到，一直没吱声

① 《唐摭言》卷 5。

的王勃发话了，他说："我来试试。"阎伯屿一听，鼻子都气歪了，心想，哪来了这么个不知深浅的毛头小子？这不是要坏我的好事吗？

阎伯屿很无奈，只好命人为王勃拿来了纸笔。他想，我倒要看看你能写出什么好文章来？

只见王勃提笔立就，写下了传颂千古的《滕王阁序》。其中"落霞与孤鹜齐飞，秋水共长天一色"一句语惊四座。连阎都督都说："这句话字字珠玑，可以说是不朽了！"而附在序后的这首《滕王阁》凝练且含蓄地概括了整个序的内容。

蜚声天下的岳阳楼

除滕王阁外，岳阳楼和黄鹤楼也在江南三大名楼之列。自古以来，岳阳楼就有"洞庭天下水，岳阳天下楼"之誉。它屹立于岳阳古城之上，背靠岳阳城，俯瞰洞庭湖，遥对君山岛，北依长江，南通湘江，登楼远眺，一碧无垠，白帆点点，云影波光，气象万千。正是这水、这楼，吸引着杜甫慕名前来并作诗《登岳阳楼》[①]：

昔闻洞庭水，今上岳阳楼。
吴楚东南坼，乾坤日夜浮。
亲朋无一字，老病有孤舟。
戎马关山北，凭轩涕泗流。

诗中首句说"昔闻洞庭水，今上岳阳楼"，表明诗人对洞庭湖向往已久，如今才登上岳阳楼。此时诗人内心充满忧国忧民、伤世伤时的感慨。"坼"是裂开的意思，"乾坤"代指日月星辰。这里是说，广阔无垠的洞庭湖水，划分开吴国和楚国的疆界，日月星辰都像是整个

① 《全唐诗》卷 233。

儿地漂浮在湖水中一样。当时，杜甫过着颠沛流离的生活，整日以舟为家。“老”“病”说明诗人已进入晚年，身体也不好。同时，亲朋好友音信皆无，所以很孤独。“戎马”代指战争，当时唐军正与吐蕃交战。诗人独自登高，来到了岳阳楼上。他凭栏而立，望着万里关山，想象着远方动荡的局势，不禁涕泪交流。

让岳阳楼名扬天下的似乎不是此诗，而是北宋著名文学家范仲淹的《岳阳楼记》。

北宋庆历四年（1044年），范仲淹的好友滕子京被贬到岳州（治今湖南省岳阳市）。他看到境内的岳阳楼年久失修，就命人重修此楼。竣工后，滕子京又找人将自唐以来的名诗佳赋刻在楼上，并请范仲淹做一篇文章，以志纪念。

好友仕途不顺，范仲淹正想找机会劝劝他。于是，他就做了这篇《岳阳楼记》，委婉地表达了“不以物喜，不以己悲”的人生态度。

庆历四年春，滕子京谪守巴陵郡。越明年，政通人和，百废具兴。乃重修岳阳楼，增其旧制，刻唐贤今人诗赋于其上。属予作文以记之。

予观夫巴陵胜状，在洞庭一湖。衔远山，吞长江，浩浩汤汤，横无际涯；朝晖夕阴，气象万千。此则岳阳楼之大观也。前人之述备矣。然则北通巫峡，南极潇湘，迁客骚人，多会于此，览物之情，得无异乎？

若夫淫雨霏霏，连月不开，阴风怒号，浊浪排空；日星隐曜，山岳潜形；商旅不行，樯倾楫摧；薄暮冥冥，虎啸猿啼。登斯楼也，则有去国怀乡，忧谗畏讥，满目萧然，感极而悲者矣。

至若春和景明，波澜不惊，上下天光，一碧万顷；沙鸥翔集，锦鳞游泳；岸芷汀兰，郁郁青青。而或长烟一空，皓月千里，浮光跃金，静影沉璧，渔歌互答，此乐何极！登斯楼也，则有心旷神怡，宠辱偕忘，把酒临风，其喜洋洋者矣。

嗟夫！予尝求古仁人之心，或异二者之为，何哉？不以物喜，不以己悲；居庙堂之高，则忧其民；处江湖之远，则忧其君。是进亦忧，退亦忧。然则何时而乐耶？其必曰“先天下之忧而忧，后天下之乐而乐”欤！噫！微斯人，吾谁与归？

——《范文正公集》卷七

在文中，范仲淹描写洞庭湖的天气变化，以衬托人生之无常。他希望通过这种方式，让滕子京振作起来，“宠辱偕忘”，以更达观的眼光看待自己的遭遇。文章洋洋洒洒，一气呵成，其中“先天下之忧而忧，后天下之乐而乐”更是流传至今，成为不朽的名句。

崔颢、李白与黄鹤楼

黄鹤楼是蜚声中外的历史名胜，它雄踞长江之滨、蛇山之首，背倚万户林立的武昌城，面临汹涌浩荡的扬子江，刚好位于长江和京广线的交叉处，即东西水路与南北陆路的交会点上。

关于黄鹤楼的得名，有一个颇具传奇色彩的说法：曾有道士在此地辛氏酒店的墙上画了一只会跳舞的黄鹤，店家生意因此大为兴隆。十年后道士重来，用笛声招下黄鹤，乘鹤飞去，辛氏遂出资建楼。也有人认为，黄鹤楼的名字是因为它建在黄鹄山。古代的“鹄”与“鹤”两字一音之转，互为通用，故名为“黄鹤楼”。唐朝诗人崔颢有诗《黄鹤楼》[①]曰：

昔人已乘黄鹤去，此地空余黄鹤楼。
黄鹤一去不复返，白云千载空悠悠。
晴川历历汉阳树，芳草萋萋鹦鹉洲。
日暮乡关何处是？烟波江上使人愁。

① 《全唐诗》卷130。

这首《黄鹤楼》的灵感正是来源于上述因仙为名的说法。“昔人”指那位道士。所谓仙人乘鹤，本来是无稽之谈。现在以无作有，说它“一去不复返”，让人感到古人不可见的遗憾。仙去楼空，只剩下天边的白云，悠悠千载，像世事茫茫，虚无缥缈。

诗人登楼远望，汉阳城、晴川阁及鹦鹉洲历历在目，江波浩渺，没有尽头。这勾起了诗人的乡愁，所以他不禁发问：“乡关何处？”崔颢此诗对后世影响甚大。后人多有应和者，如宋人柴望的《重题黄鹤楼》[①]：

自从崔颢题诗后，更有何人吊祢衡。
芳草不知鹦鹉恨，晴天惟见汉阳城。
楼头月落酒方醒，岸口风高雁正鸣。
五百年前黄鹤去，閒寻鸥鹭订诗盟。

大诗人李白也曾登上黄鹤楼，并在此将好友孟浩然送上了顺江东下的小舟。

故人西辞黄鹤楼，烟花三月下扬州。
孤帆远影碧空尽，唯见长江天际流。
——《黄鹤楼送孟浩然之广陵》[②]

“广陵”治今江苏省扬州市。首句“故人西辞黄鹤楼”是点题，这里的“故人”就是孟浩然。“三月”交代了两人分别的时间。“烟花”是烟雾迷蒙、繁花似锦的意思。这里在“三月”前着“烟花”两字，让诗意更加浓郁。读者读到此处，仿佛两位大诗人就在自己身旁。当时落英缤纷、绮丽万状，给人的感觉不是一片地、一朵花，而

① 《全宋诗》卷1。
② 《全唐诗》卷174。

是看不尽的阳春美景。诗人一直把孟浩然送上船，直到船已扬帆远去，消失在视线的尽头。但诗人却伫立良久，将远在天际的长江尽收眼底，似乎刚才的情景已定格在那里，诗人仍在回味。

汉下白登道，胡窥青海湾

——汉匈战争与和亲

关山月[①]

李　白

明月出天山，苍茫云海间。
长风几万里，吹度玉门关。
汉下白登道，胡窥青海湾。
由来征战地，不见有人还。
戍客望边邑，思归多苦颜。
高楼当此夜，叹息未应闲。

李白此诗，发思古之幽情，气魄宏大，仿佛是在几万里间画了一幅边塞征人图。“关山月”是古乐府的曲目之一。“天山”指祁连山，匈奴称天为“祁连”。诗中说“明月出天山”，是因为征人在天山之西，所以能东望明月于天山。“玉门关”，汉武帝建，因西域玉石从此输入而得名，其故址在今甘肃省敦煌市西北 90 公里处的小

① 《全唐诗》卷 18。

方盘城[①]。

“汉下白登道，胡窥青海湾”是借古喻今，汉高祖刘邦曾被匈奴困于白登山七天七夜，而唐王朝也在今青海湖地区（即诗中青海湾）与吐蕃发生过战争。“戍客望边邑，思归多苦颜”是本诗吟咏的核心，而“由来征战地，不见有人还”则表现了战争对人民造成的创伤，并阐释了诗人自己的思考。下面通过这首诗，向读者朋友介绍一下白登之围的前前后后。

韩王信倒戈

白登山即今山西省大同市东北马铺山，西汉初年这里曾爆发过一场重要的战争。

当年楚汉内战，北方民族匈奴利用楚汉双方都无暇北顾之机，占领了长城以南的大片土地。后来成立的汉王朝因此受到了较大威胁。

为了防止匈奴侵扰，汉高祖刘邦将异姓王韩王信封于晋阳（治今山西省太原市古城营）。当时匈奴入侵频繁，而晋阳又远离边塞，不利于防守。于是韩王信上书，要求将都城迁往马邑[②]（治今山西省朔州市），这一建议获得了刘邦的批准。

汉六年（公元前 201 年）秋，匈奴单于冒顿率军南下，将韩王信围困在马邑城中。韩王信多次派人赴匈奴营中求和，但都无果而终。汉朝得知情况后，以为他与匈奴有某种交易，会对汉室不利，于是，刘邦派人给韩王信送信。在信中，高祖对他大加责备，说他不能坚守抗敌，有负自己的嘱托。本来刘邦是想督促韩王信加强戒备，有效抵御匈奴，但如此刚性的说辞却起了反作用。韩王信本来就和刘邦不是

① 史为乐主编:《中国历史地名大辞典》，中国社会科学出版社 2005 年版，第 528 页。

② 《史记》卷 93。

一条心，眼看自己的消极抵抗政策有可能招来杀身之祸，加之匈奴军容鼎盛，所以他最终献城投降。很快，匈、韩双方组成联军，南下进攻汉朝。

鉴于这一危急情况，刘邦亲率三十余万大军前往征讨。汉七年（公元前 200 年）十月，汉军击败韩王信的军队于铜鞮（治今山西省沁县南古城），斩其将王喜，韩王信逃往匈奴军中。其手下将领曼丘臣、王黄收拾韩王信的残兵败将，并立旧赵国后裔赵利为王，在政治上与西汉分庭抗礼。同时，他们还准备与韩王信及匈奴合力抗拒汉军。

匈奴方面，其左右贤王率领一万多骑兵，与王黄屯驻广武城（治今山西省代县西南）以南，并南下进击晋阳，但这些部署未能有效阻止刘邦。汉军一路势如破竹，在晋阳打败敌军，并乘胜追击，再败对手于离石（治今山西省吕梁市）。匈奴随即退守娄烦（治今山西省宁武县）西北，又为汉军所败，于是再次北遁。

刘敬被囚与刘邦中计

双方的军事斗争在继续，外交战也在如火如荼地进行。坐镇晋阳的刘邦听说冒顿在代谷（位于今山西省代县西北），于是先后派出几批使节，赴匈奴军中窥探其虚实。先前出使的人回来后，都说匈奴营中皆老弱病残，非常虚弱，不堪一击。于是，高祖心中有了成算，又派大臣刘敬往使。刘敬回来后也汇报了相同的情况，但他又说："两国相争，通常都要显露锋芒以震慑对方。如今匈奴示弱，明摆着要引诱我们上钩，然后以奇兵伏击我们。所以我看匈奴不可轻易攻击。"当时，汉军已翻过句注山（在今山西省代县西北 25 里）。在节节胜利之下，刘邦根本没把匈奴放在眼里。他求战心切，突然受到阻挠，颇感不快，大骂刘敬道："你不过是有点儿口舌之能，凭这也想阻止我的大军？"他一怒之下将刘敬囚禁于广武城，仍按计划攻击匈奴。

刘邦本想毕其功于一役，一举解除匈奴这个北方大患，因此他命令大军急速北向，并进入平城（治今大同市东北）。不料，他遭冒顿算计，被诱上白登山，并陷入对手四十万精锐部队的重围。

突围成功

汉军多次组织突围，都未能成功，但匈奴也没有攻上山，双方僵持不下。面临弹尽粮绝的境地，刘邦一筹莫展。此时，大臣陈平献计，认为冒顿的妻子阏氏有可能成为突破口，应想办法让她向冒顿说情。于是，刘邦软硬兼施，命人画了一幅美女图，同时准备了重金，派间谍一并献给阏氏。来人对她说，如今我大汉皇帝陷入困境，而我国有一位像画上这么漂亮的姑娘，已秘密派人去接了，接来后准备献给冒顿，以解目前的危急形势。冒顿一见这位姑娘，肯定会很喜欢，这样恐怕会对阏氏您不利。不如趁现在人还没到，您出面劝冒顿退兵，这样您的地位也就保住了。阏氏怕世间真有此美女，自己若是不答应对方的条件，恐有失宠之虞。再加上汉人所献珍宝贵重，阏氏爽快地允诺了来人的要求。

她跑去对冒顿说："如今咱们围困刘邦七天，都未能使之屈服。我看对方是有神灵保佑的，咱们占了人家土地，终究不能长久。"冒顿本来就觉得韩王信靠不住，而约定好此时来援的王黄、赵利也并未出现，他怕韩王信在这关键时刻转投汉朝，于己不利。权衡之下，他命军士让出一条通道。这日又忽起大雾，刘邦随即顺利突围，进入平城[①]，而此时汉朝的援军也已抵达，于是冒顿撤军。

陈平贿赂阏氏方得突围，所以汉室对此讳莫如深。就连《史记》都说"其计秘，世没得闻"[②]。但即便是这样遮羞，还是为后人所知。

---

① 《史记》卷94上。

② 《史记》卷56。

宋人刘敞就曾作诗挖苦高祖君臣：

白登计秘自堪羞，相印犹归曲逆侯。

安用熊罴三十万，平城遗有子孙忧。

——《白登》①

刘邦率军突围而出，走到曲逆县（治今河北省顺平县东南20里子城村），封陈平为曲逆侯。所以，诗中的“曲逆侯”就是陈平。诗人说汉朝君臣都知道白登所用计策为人不齿，因此不愿意为外人所知。高祖所领雄兵三十万，到底派上了什么用场呢？由于此次北征未能从根本上解决北方边患，因此为后代子孙留下了隐忧。

白登一战对高祖的触动很大，他的急于求成险些让自己命丧敌手。后来，他赶到广武释放了刘敬，封他两千户、关内侯，并向他道歉说：“我没听您的话，以致困于平城。为此，我已将前面说匈奴可击的使节全部处斩。”由于国力有限，刘邦认识到不可能在短时间内消灭匈奴，于是转换思路，加快发展国内经济。另外，他在刘敬的建议下，推出“和亲”策略，以改善与匈奴的关系。

后白登时代

白登山之战是外交影响内政的典型实例，它迫使汉初统治者在建国初期的很长一段时间内只能专心于国内事务。但这样做的目的也正是为了更好地解决外部问题。到了汉武帝时代，国力臻于极盛，西汉已经有能力派军征伐匈奴，战而胜之。当然，汉武帝的对外政策有些矫枉过正，过频过密的用兵对国力也有较大损耗，后来他认识到这一点，并及时加以改正。匈奴方面则通过白登之战发现了西汉的虚弱，并在高祖及文帝、景帝时期多次入侵，汉朝实力不济，只好隐忍，直

① 《全宋诗》卷1。

到汉武帝将匈奴击败。双方的此消彼长是很清楚的。

这里需要补充一点儿“和亲”的知识。所谓“和亲”，就是不同政权高层之间的联姻。刘敬认为，它是通过血缘沟通地缘的高明手段。通过嫁公主、赠重币可以促进双方政权高层的交流，也在一定程度上达到了换取和平的目的。明末清初杰出思想家顾炎武就曾对白登之围与和亲的关系作过思考：

雁门春草碧，且复过滹沱。为念离群友，三年愁绪多。鲁酒千钟意不快，龟山蔽目齐都隘。却来赵国访廉颇，还到关中寻郭解。陈君心事望诸俦，吾友高才冠雍州。玉轴香浮铃阁晓，彩毫光照射堂秋。人来楚客三闾后，赋似梁园枚马游。句注山边余旧垒，五原关下临河水。青冢哀笳出汉宫，白登奇计还天子。穷愁那得一篇书，幸有心期讬后车。又逐天风归大海，好凭春水寄双鱼。

——《重过代州，赠李处士因笃，在陈君上年署中》[①]

“青冢哀笳出汉宫，白登奇计还天子”，青冢是汉元帝时宫女王昭君的墓，这里用来指代王昭君。当时，她以宗室女的身份嫁于匈奴呼韩邪单于。后代王朝沿袭了这一传统，如唐朝文成公主与吐蕃首领松赞干布的结合。直到清朝，蒙古贵族的女儿多嫁入满洲，著名的孝庄皇太后就出自蒙古科尔沁部博尔济吉特氏[②]。久而久之就形成了满蒙联姻，大大加强了双方政权高层的凝聚力。

---

① 《清诗汇》卷 11。

② 参见夏征农主编：《辞海》，彩图本，上海辞书出版社 1999 年版，第 2354 页。

力小无因救焚溺，清凉山下且安禅
——五台山的故事

寓言题僧[1]

白居易

劫风火起烧荒宅，苦海波生荡破船。
力小无因救焚溺，清凉山下且安禅。

唐长庆二年（822年），白居易自长安出发，赴杭州（详见《日出江花红胜火，春来江水绿如蓝——白居易在杭州》）担任刺史，此诗作于途中。全篇没有一个“佛”字，却处处透露出佛意。“劫风”“苦海”深蕴禅味，诗人似乎曾置身其中，因为舍不得“荒宅”“破船”而苦苦挣扎。但火太大，房子还是被烧掉了。船太破，终究沉入了水底。后来他大彻大悟，发现苦海无边，自己曾追求的东西根本一文不值，于是有了去清凉山当和尚的想法。但诗人没有走这一步，而是继续前行，跑去杭州为官了。安禅清凉山也许只是他一刹那的想法，而清凉山就是那一念间的信仰坐标。

① 《全唐诗》卷443。

五台山与文殊菩萨

“清凉山”即五台山，位列四大佛教名山之首（其他为四川峨眉山、安徽九华山及浙江普陀山），是文殊菩萨讲经说法的道场。此山主体位于今山西省五台县，一部分山体跨入繁峙县、代县和河北省阜平县。那里岁积坚冰，夏天飞雪，从无酷暑，所以有“清凉”之称[①]。

传说，很久以前清凉山气候恶劣，寸草不生，人民生活困苦。文殊菩萨为了造福当地百姓，就去找东海龙王。龙王有一块叫作“歇龙石”的宝贝，能调节气候。文殊说明来意，希望得到这块石头。此石是龙宫重宝，龙王当然不愿轻易给人。但文殊菩萨地位尊崇，他又不敢轻易驳人家的面子。眉头一皱，计上心来，他想，这块石头重量大，文殊未必搬得动，就拿这个为借口敷衍一下吧。于是龙王对文殊菩萨说：“这石头您要是能搬走，我就给。”

文殊菩萨一听，说道：“您这话算数吧？”龙王说：“本王亲口说的，当然算数。”他话音未落，文殊就施展出神奇法术，将大石头变成了很小的一块石子，放进了口袋。龙王见状，大惊失色，但既然做了允诺，只好乖乖兑现。这歇龙石，本是龙王的五个儿子练功后歇息的地方。五条小龙回宫后听说宝石被拿走了，不禁怒发冲冠，一起赶往清凉山找文殊菩萨要石头。但他们毕竟道行有限，为菩萨收服，成了菩萨的弟子。现在五台山中心区（也就是下文的“台怀”）有一座万佛阁，里面有一座香火很旺的五龙王殿，俗称“五爷庙”，供奉的就是这五位龙王。

① 《五台山清凉传·广清凉上》。

五座台顶

五台山因东、西、南、北、中五座环护而立的台顶得名，每座顶上都没有林木，有如垒土之台，故曰“五台”。它们分别供奉了五方文殊。五台之中即“台怀”，现在建有台怀镇。

东台名“望海峰”，海拔2795米，建有望海寺，供奉的是聪明文殊。诗云：

东北分明睹大海，西南咫尺望长安。

人们伫立台顶，可以看见群山在云雾中若隐若现，仿佛海上泛舟。这就是“望海”的含义。

南台名“锦绣峰”，海拔2485米，建有普济寺，供奉的是智慧文殊。山上各种花草在霞光的掩映下熠熠生辉，像是铺了锦缎一样，所以称“锦绣”。诗云：

一片烟霞笼紫府，万年松径锁苍苔。

西台名“挂月峰”，海拔2773米，建有法雷寺，供奉的是狮子吼文殊。明月西落时远望，好像月亮坠在那里，所以有“挂月”之名。诗云：

三时雨洒龙宫冷，一夜风飘月桂香。

北台名“叶斗峰”，海拔3061.1米，是华北第一高峰。这里建有灵应寺，供奉的是无垢文殊。当地老百姓有“躺在北台顶，伸手摸星星”的民谚。这里的“星星”指的是北斗七星。它们属于大熊星座，由天枢、天璇、天玑、天权、玉衡、开阳、摇光七星组成。天枢、天璇、天玑、天权组成斗身，又称“魁”。玉衡、开阳、摇光组成斗柄，又称“杓”。这就是“叶斗峰”的来历。诗云：

七星每夜沾峰顶，六出长年积涧隈。

中台名“翠岩峰”，海拔2894米，建有演教寺，供奉的是孺童文殊。诗云：

中台岌岌最堪观，四面林峰拥翠峦。

由于中台在其他四台之中，为四台所拱卫，一派郁郁葱葱，因此被称为“翠岩”。

康熙祖孙与五台山

既然五台山是文殊的道场。那么，这里是什么时候开始与佛教产生联系的呢？有人说，至迟在东汉明帝永平年间（58—75年），五台山已有寺庙建筑[①]。相传，明帝刘庄夜梦金人端坐祥云，自西天而来，知道有佛感应，就派大臣秦景等人西行，以寻求佛法。在大月氏（今阿姆河上游），他们巧遇正在传教的天竺（即古印度）高僧摄魔腾和竺法兰，秦景就邀请他们去中国传法。

永平十一年（68年），两位高僧来到五台山，发现这里的地貌和释迦牟尼修行地灵鹫山很相似，就奏请明帝在五台山修建寺院。明帝对此给予大力支持，建成了大孚灵鹫寺。孚，就是信。大孚，就是弘扬这一信仰的意思。大孚灵鹫寺即今显通寺的前身。

① 《五台山寺庙大观》，第5页。

显通寺坐落在五台山中心区的菩萨顶脚下，为全国重点文物保护单位。

菩萨顶在灵鹫峰上，始创于北魏孝文帝时，称“大文殊院”。有人传说，唐贞观五年（631 年），僧人法云想塑一尊文殊菩萨像，塑工安生前来帮忙。一天夜里，文殊菩萨在长明灯下显露了真容。所以，此寺就被改名为“真容院”。到了明朝永乐年间（1403—1424 年），又有了菩萨顶的称呼。

菩萨顶共有五大殿，均坐北朝南。想游览这五大殿，要先攀登一百零八级台阶。佛学认为，人生有一百零八种烦恼，登上了这些台阶，就能把诸多烦恼抛在脑后了。台阶尽头是一个平台，上面立着一面木牌楼，其匾额上有康熙帝的御笔“灵峰胜境”四个大字，旁边是两根幡杆。再往里走，就是山门殿，然后是天王殿、大佛殿、文殊殿及后殿。这是菩萨顶的概况。

显通寺山门朝东，共有七座大殿，也都坐北朝南。一进山门，南侧为观音殿，北侧为文殊殿。文殊殿前有两座八角碑亭，里面各有一通汉白玉石碑，立于清康熙四十六年（1707 年）。左侧石碑上有字，为康熙帝御笔，而右侧的则是一座无字碑。

立碑通常要刻字，但此碑却无字。原因何在呢？传说，盖碑亭的地方，原本是两个圆形的水池。有一天，康熙帝来显通寺游历。他走到文殊殿前，一抬头，看到灵鹫峰好像一条龙。菩萨顶的牌楼为龙头，两根幡杆是龙角，一百零八级台阶从牌楼上延伸下来，正是龙的舌头。尽管康熙帝阅历丰富，也不由得大惊失色。他寻思着，难道这里要出天子？要有人推翻我大清江山？这还了得！

于是他怀着侥幸心理，去征求显通寺住持的意见，希望得到否定的答案。没想到，这位住持是个实诚人，没能揣测到皇帝的心理。住持道：“万岁爷，这灵鹫峰确实是一条龙，菩萨顶呢，正是这龙头啊。”此话说得康熙帝浑身难受。但他毕竟是一国之尊，不能失态。他灵机一动，说道：“我看未必，您说这是一条龙，可这龙的眼睛在哪儿啊？没有眼睛的龙自然不是活龙。”

谁知，住持越来越没分寸。他说：“皇上，您有所不知，这龙是有眼睛的。每日午时，太阳照到文殊殿前的两个水池上，这菩萨顶的牌楼两侧就会出现两个圆形的光环。这光环不就是龙的眼睛嘛。”

真龙应该只有一条，起码康熙帝是这么认为的。可一下子又来了一条龙，为了防微杜渐，他立即命人在水池上立了两通碑。康熙帝为其中一块写了碑文。由于另外一块与御题的那块是对称的，自然取得了同等地位，谁敢与皇上等量齐观呢？于是就空了下来。

康熙帝的孙子乾隆帝也曾驾临五台山，而且留下了“小朝台”的典故。在台怀中心东侧，有一座叫作黛螺顶的寺庙，位于陡峭的半山脊上。它创建于明成化年间（1465—1487年），共四重大殿。要想登堂入室，必须登上高峻的台阶，这是一项不轻松的体力活。

传说乾隆帝怀有一个夙愿，就是亲赴五个台顶，朝拜五方文殊。但台顶上风大、气温低，而且攀登过程有一定的危险性，所以始终未能如愿。于是，乾隆帝就命人在黛螺顶塑了五方文殊，以便人们参拜。这就是所谓的“小朝台”。有小朝台自然就有大朝台。所谓“大朝台”，是分别登上五个台顶，去朝拜五方文殊。这对朝台者的体力有很高的要求，而且需要较多的时间，但还是有虔诚的信徒不畏艰险，矢志不渝，最终登上了五个台顶，朝拜了他们信奉的五方文殊。

横看成岭侧成峰，远近高低各不同
——庐山的故事

题西林壁[①]

苏　轼

横看成岭侧成峰，远近高低各不同。
不识庐山真面目，只缘身在此山中。

“西林”是指庐山著名庙宇西林寺，《题西林壁》最初由诗人题于寺内壁上。横看、侧观是诗人在寺庙附近从不同角度对庐山的观察，山岭与山峰的远近不同则是他观察的结果。后一句交代了原因，“只缘身在此山中”。这首诗明白如话，但蕴含哲理，可谓千古不朽的佳作。诗成后，“不识庐山真面目”流传开来，成了惑于表面、不识本质这一现象的经典诠释。

慧远创立净土宗

苏轼只是庐山的一个过客，历史上众多名人都曾驻足这里，如佛

① 《全宋诗》卷21。

教净土宗的“初祖”慧远。

慧远本姓贾，生活在东晋，雁门娄烦[①]（治今山西省原平市崞阳镇东大阳村）人。他自幼聪明颖悟，遍学儒道，年轻时很多老学者都佩服他的学问。21岁这年，慧远遇到了和尚道安。此人在太行恒山（在今河北省曲阳县西北）立庙修行，慧远久闻其名，就赶去拜师。

通过一段时间的学习，他发现佛学更符合自己的志趣。于是，慧远放弃了以前的治学路子，开始潜心此道，并最终成为一代宗师。

后来，为了躲避北方战乱，他随道安来到襄阳（治今湖北省襄阳市东南）。但没过多久，襄阳也成了战场，道安为入侵的前秦军队所拘。为了将佛法发扬光大，使佛学后继有人，道安命众门徒各自分散，离开襄阳。

本来，慧远与几位师兄弟约定去罗浮山（见《日啖荔枝三百颗，不辞长作岭南人——岭南谪宦》）修行。途中走到浔阳（治今江西省九江市西南20里）时，他发现其境内的庐山风光秀美，幽雅清静，是个修行的好地方，就在这里建了房子，取名“龙泉精舍”。当时住所不方便取水，于是他取出禅杖，一边扣地一边说：“如果这里可以住，应有泉水喷出。”话音刚落，一泓清泉从击打处破土流出，慧远对其加以疏浚，使之成为一道溪水。这样，他就在庐山安顿了下来。

不久后，浔阳遭遇大旱，慧远为了拯救黎民，就跑到泉水边，诵《海龙王经》，为灾民祈福。一会儿工夫，只见一条大蛇自水中腾空而起，雨水随即倾盆直下，旱情得到了缓解。

慧远在庐山弘法，影响力日益增大。人们纷纷慕名而来，拜到他的门下。但龙泉精舍有限的空间对继续讲学授道构成了阻碍。此时，他的同门师兄慧永也在庐山修行。慧永与官府的关系不错，就跑去为慧远说情，请求官府为慧远另建一座寺院。不久后，寺院落成，因地处西林寺之东，就取名为“东林寺”。

慧远在佛学史上的最大贡献是创立了“净土宗”，而这一贡献正

① 《高僧传》卷6。

是在东林寺完成的。他为广大信众开辟了一条简便易行的通往西方极乐世界的途径，即打坐禅定，观想念佛。由于操作简单、易于掌握，因此净土宗很快就风行起来。

李白隐居庐山

“龙泉精舍”左近有著名的香炉峰。唐朝大诗人李白曾在庐山隐居，他很喜爱香炉峰及该山的瀑布，并作诗曰：

日照香炉生紫烟，遥看瀑布挂前川。
飞流直下三千尺，疑是银河落九天。

——《望庐山瀑布水二首》之一[①]

“香炉峰”在庐山南部。首句是说，此峰本来雾气缭绕，在阳光照射下，这些雾气呈现紫色，宛若仙境。而峰顶上的瀑布倾泻而来，直接与山下的水面相接。“九天”即九重天，是天的最高处。末句中诗人以银河比瀑布，来衬托其宏大的气势。

李白隐居的地方叫作“五老峰”，在庐山东南。李白有诗曰：

庐山东南五老峰，青天削出金芙蓉。
九江秀色可揽结，吾将此地巢云松。

——《登庐山五老峰》[②]

“五老峰”的形状如五位老人并肩而立，因得此名。“削出”，是说此山的峻峭。秀丽的五老峰映照在青天之下，呈金黄色，所以诗人

① 《全唐诗》卷 180。
② 《全唐诗》卷 180。

称之为“金芙蓉”。在唐朝，庐山所在地江州（治今江西省九江市）亦有九江郡、浔阳郡之名，所以诗中说“九江秀色”。“揽结”是收取的意思，即站在五老峰上，可将九江的美丽尽收眼底。“巢”是建屋居住，这里是说诗人将住在云松之间，即隐居。千百年后，五老峰也被引入动漫作品中，为广大青少年所熟知。日本动画片《圣斗士星矢》中有一位名叫童虎的黄金圣斗士，此人就曾长期在五老峰的瀑布前静坐修炼。

陶渊明的傲骨

上面讲的都是异乡人在庐山的故事，下面说说大诗人陶渊明。他籍贯浔阳，就长在庐山脚下①。

陶渊明的曾祖，是当过大司马的陶侃。可见，早些时候，陶家还是很有地位的。但到了陶渊明这代，家里就没有什么大官了。然而，他从小就抱有宏图大志，且博学多才，写得一手锦绣文章。陶渊明较为随性，放荡不羁，但因为有才，所以很受父老乡亲的推崇。他曾作《五柳先生传》以自况，文中有“闲静少言，不慕荣利”“每有会意，欣然忘食”等语，都是陶渊明鲜明个性的写照②。

后来，他曾作诗回忆年轻时的自己：

忆我少壮时，无乐自欣豫。
猛志逸四海，骞翮思远翥。
荏苒岁月颓，此心稍已去。
值欢无复娱，每每多忧虑。
气力渐衰损，转觉日不如。
壑舟无须臾，引我不得住。

---

① 《晋书》卷66。

② 《晋书》卷94。

前途当几许，未知止泊处。

古人惜寸阴，念此使人惧。

——《杂诗十二首》[①]之一

诗人说，年轻时就算没有什么乐事也总能保持愉快的心情，这是因为他壮志远大，超绝四海。那时的他还是初生牛犊，没有受过什么挫折，所以世界在诗人眼里完全是朦胧的玫瑰色。“骞”是高举状。“翮”是鸟的翎管。“翥”为鸟向上飞。诗人志存高远，所以也想像鸟儿一样飞得很高、很远，去建功立业。

因此，“不慕荣利”的说法显然靠不住。入仕之前，他家“环睹萧然，不蔽风日”，这种日子恐怕是没法过的。陶渊明投身官场，既是要实现抱负，也要为稻粱谋。但形势比人强，那个时代当官靠门路。陶渊明单枪匹马，在官场里混得并不开心。

后来他好不容易得了一个彭泽县（治今江西省湖口县东南30里江桥乡柳德昭村附近）县令的官，却只当了八十多天。原因是得罪了上级官员。这一天，上面派了一个督邮来检查工作，属吏对他说：“按照惯例，您面见督邮时要束带。”陶渊明一听，马上火冒三丈，说：“我岂能为五斗米折腰，去伺候那些乡里小人呢？！”就这样，他马上辞了官职，回乡务农去了。我们熟知的《归园田居》就是陶渊明田园生活的写照。

种豆南山下，草盛豆苗稀。

晨兴理荒秽，带月荷锄归。

道狭草木长，夕露沾我衣。

衣沾不足惜，但使愿无违。

——《归园田居》[②]之一

① 《陶渊明集笺注》，第347—349页。

② 《陶渊明集笺注》，第85—86页。

首句中“南山”出典于《汉书·王恽传》。原文说，南山芜秽不堪，缺乏整治，在那里种一顷豆，落而为萁，人生应当及时行乐啊。所以首句透露出的是一种消极的出世情绪。下一句说诗人早出晚归，为的就是整理荒地，以利耕种。“夕露沾我衣”出自王粲《从军诗》中的“草露沾我衣”之句。最后诗人道出了心声：庐山脚下的贫苦生活我能够忍受，但最让我不能忍受的是在官场中做违心的事、说违心的话，这是我“归园田居”的根本原因。

躬耕的日子里，官府也曾来找陶渊明，希望他重新出山。但他厌倦了世俗，不喜欢官场的应酬，坚决不答应。陶渊明一生爱酒，“造饮必尽，期在必醉”。当时有个叫张野的乡亲常常邀他去喝酒，有时候是他摆酒招待陶渊明，有时是带陶渊明去他的朋友家喝。碰到后一种情况，即使不认识主人，陶渊明也丝毫不在乎，只要喝得酣畅就好。他曾作《饮酒》[①]诗二十首，且看其中之一：

衰荣无定在，彼此更共之。
邵生瓜田中，宁似东陵时。
寒暑有代谢，人道每如兹。
达人解其会，逝将不复疑。
忽与一觞酒，日夕欢相持。

首句说衰与荣没有一定规律，让人不可捉摸。“邵生”名叫召平，出典于《史记·萧相国世家》。他在秦朝受封东陵侯，秦亡后他沦落为普通百姓，在长安城（在今陕西省西安市西北13里）东种瓜。召平的瓜味道香甜，深受百姓欢迎，被称为“东陵瓜”。次句是对首句的诠释，是用邵生的故事来说明人生之无常。人道好似天道，像寒暑更替一样，人也有沉浮是非。达人知命，能够认识并把握这一规律。最后，诗人点出了酒，并说有酒的日子，日夜欢歌，这似乎成了诗人

① 《陶渊明集笺注》，第239—240页。

的人生真谛。

其实，饮酒是诗人排解寂寞的一种方式。当时在乡下，他郁郁寡欢，需要精神上的慰藉，于是陶渊明找到了酒。酣饮之后，他往往诗兴大发，挥笔写就了许多诗篇，比如《饮酒》二十首。从诗中看，似乎诗人已超脱世外，不为名利羁绊。但上文《杂诗》之末句“古人惜寸阴，念此使人惧”，又隐约透露出诗人的不甘，他似乎还是想有所作为。因此，隐者陶渊明的内心未必像庐山的环境一样静谧、安闲，反而有些痛苦、复杂、纠结。

大江东去，浪淘尽，千古风流人物
——周郎赤壁

长江，这条中国最长、世界第三长的河流，不仅是地图上一道绵长的曲线，还是中国历史上的某种分界线。以现代史为例，解放战争接近尾声时，蒋介石担心再打下去将彻底失败，于是主动提出和谈，要求“划江而治”。此时的长江，不啻国民政府的救命稻草。蒋介石认为，如果谈判破裂，长江天堑或许可用来作最后的抵抗。但他苦心经营的长江防线一触即溃，解放军百万雄师迅速渡过长江，最终解放了全中国。而就在一千多年前的三国时代，这条大江曾是孙权、刘备的生命线，正是在这条线上发生的战事决定了天下三分的最终走向。

念奴娇·赤壁怀古①

苏 轼

大江东去，浪淘尽，千古风流人物。故垒西边，人道是，三国周郎赤壁。乱石穿空，惊涛拍岸，卷起千堆雪。江山如画，一时多少豪杰。

遥想公瑾当年，小乔初嫁了，雄姿英发。羽扇纶巾，谈笑间，樯橹灰飞烟灭。故国神游，多情应笑我，早生华发。人生如梦，一樽还酹江月。

---

① 《全宋词》卷44。

北宋元丰三年（1080年），苏轼被贬出朝廷，任黄州（治今湖北省黄冈市黄州区）团练副使。到任后，他常与友人在江面上泛舟观景。游乐之余，苏轼写下了众多脍炙人口的名篇，如《前赤壁赋》《后赤壁赋》及上文的《念奴娇·赤壁怀古》。

念奴娇是词牌名，来自唐天宝年间（742—755年）一位名叫念奴的歌女。由于苏轼的这首词久负盛名，以至于作品中的某些词句成了本词牌的别称，如《大江东去》《酹江月》等。

诗中的“赤壁”，在今黄冈市黄州区西北约500米。“大江”，即长江。“淘”有冲刷、筛选的意思。“风流人物”即英雄豪杰，与毛泽东《沁园春·雪》中的“数风流人物”是一个意思。“故垒”是以往残留的垒壁。“人道是”意为人们传言，可见词人对下面“周郎赤壁”的说法并不完全确信。“周郎”即赤壁之战中孙权、刘备联军的统帅之一，吴国的周瑜（字公瑾），此人是那场战役的主要参与者，所以这里词人以他的名字和赤壁连称。“千堆雪”是形容江中浪花的形态。

“小乔”是东吴乔玄的小女儿，与她的姐姐大乔都是吴国有名的美女，分别嫁给了周瑜和吴主孙权的哥哥孙策。赤壁之战发生时，周瑜、小乔两人已结婚十年。所谓“初嫁”，是想衬托周瑜风流倜傥、少年得志的形象。“羽扇”是白毛羽扇，“纶巾”则是丝帛做成的便帽，两种都是儒将的装束，这是在写周瑜儒雅、风流的外表。“樯橹”分别是船的桅杆及船桨，这里代指曹操的舰队。“故国”是说词人眼前的这片古战场。“神游”则有神往的意味。“多情应笑我，早生华发”是倒装句，正常语序为“应笑我多情早生华发”。“华发”即白头发。这句的意思是，应笑我太过于多情了，这让我早早长出白发。“樽”泛指一切酒器。“酹”是以酒浇地为祭。

刘备战略撤退

东汉建安十三年（208年），荆州牧刘表死去，次子琮继任。趁荆州不稳之际，曹操率领大军南征。迫于对手军威，刘琮投降曹操。

在此之前的建安六年（201 年），刘备联合袁绍反曹失败，投奔刘表。到此时，他已在荆州驻守八年之久。这八年中，他招募壮丁，努力备战，使自身实力得到一定扩充。为了抵御曹操，刘表也要借重刘备的势力，所以请他驻扎在境内汉水北岸的樊城（治今湖北省襄阳市北）。

刘备一开始并不知道刘琮要投降。直到曹军到达宛县（治今河南省南阳市），他才得到消息。于是，刘备赶紧部署自己的军队撤向大江北岸的江陵（治今湖北省荆州市荆州区旧江陵县）。这一路上，他又吸收了不少兵员，使部队达到十几万之众。

曹操听说刘备逃跑，亲率精兵五千前去追击，急行军一天一夜之后，赶到当阳长坂（今湖北省当阳市东北），将刘军击溃。刘备只好退往汉水流域的江夏郡（治今湖北省武汉市），江陵为曹操所有。

刘备在撤退到江夏后，与刘表长子江夏太守刘琦组成联军，共两万人。他们先是退到夏口（今湖北省武汉市汉口），后又退到长江南岸的樊口（今湖北省鄂州市鄂城区西）。在夏口时，他的谋士诸葛亮对他说："现在情况危急，应马上派人去向孙权求救。"于是，刘备准备联合孙权，抗击曹操。

孙权、刘备联盟

而这时，孙权接到了曹操的来信，信上说：最近我南下诛讨罪孽，刘琮束手就擒。现在我带领八十万大军，要与将军（指孙权）"会猎于吴"。这封信的口气是很狂妄的，他想用八十万大军把孙权吓倒，不战而屈人之兵。实际上，曹军兵力远不足八十万，充其量只有二十几万，其中一部分还是刘琮的降卒。

孙权见信后，觉得事态紧急，刻不容缓。于是，他马上召开高级军事会议。会上，以谋臣张昭为代表的一部分人都认为曹操势大，与之相斗无异于以卵击石，所以认为投降才是上策。他们都说："曹操是头豺狼。他以汉朝丞相的名义，挟天子以征伐四方。今天他代表朝廷前来，我们要是抗拒，就是与朝廷作对，在道义上已输了。将军您可以指望的，只有长江天堑。但如今曹操已控制了长江上游，又将刘表水军悉数收入帐下，这样我们就无险可守了。另外，曹军陆战能力很强，如果对手从水、陆两线东下，我们将很难抵挡。所以还是投降吧。"

孙权本来打算抗战到底，但张昭等人像泄了气的皮球一样，让他好不气恼。不过，鲁肃、周瑜等人力主抗战，认为吴军完全可以战胜曹军。周瑜说："曹操虽名为汉相，实际上却是汉贼。将军有神武雄才，割据江东，地方数千里，兵精粮足，英雄归心，正是为朝廷除残去秽的时候。所以，曹操此来，必是送死。我们怎么能轻易投降呢？如今曹操尚有内忧，马超、韩遂等人在陇西（治今甘肃省陇西县东南）割据，对中原造成不可忽视的威胁。另外，水战正是我军所长，曹军肯定不是咱们的对手。北方人来到南方，必定水土不服，因此生病的人不在少数。这些都是曹操的隐患，我们完全可以把它们充分利用起来。这样，我们不仅不用投降，还能擒获曹贼。"

听了周瑜的一席话，孙权倍加振奋。于是，他同意联合刘备，共抗曹操。

周郎赤壁

曹操占领江陵后，沿长江东下，要消灭孙权、刘备联军。他率军到达赤壁（今湖北省赤壁市西北，长江南岸）后，与联军展开了一场遭遇战，结果不敌对手，他就把军队撤向北岸的乌林（今湖北省洪湖市东北，长江北岸），与赤壁敌军隔江对峙。

如周瑜所言，曹军多为北方人，不习水战，来到荆州后，士兵们确实得了各种水土不服的病[①]。另外，江面上风大浪急，为了行船平稳，曹操将大小舰船首尾连接起来。东吴将领黄盖看到这一点，就献上火攻之计。他假意驱船驶往北岸，向曹操投诚，却在船上装上易燃之物，并在距离曹军还有2里的时候将其引燃[②]。当天刮的是东南风，火借风势，剧烈燃烧起来。由于距离太近，曹军根本没有反应的余地，黄盖的火船急速撞上并引燃了北岸的敌船。由于曹军大小船只都连在一起，所以也连带着延烧到其他船只，甚至岸上的营垒。南岸的周瑜见计策成功，就率领联军主力杀向北岸。曹操眼见败局已定，只好逃往江陵。

从此之后，三分天下的大势就此形成了。

① 《三国志·蜀书》卷35。

② 《三国志·吴书》卷54。